As Prisões da Miséria

Loïc Wacquant

As Prisões da Miséria

Tradução
André Telles

*2ª edição ampliada
com nova introdução e posfácio
4ª reimpressão*

ZAHAR

Copyright © novembro 1999 by Raisons d'Agir Editions

Edição ampliada pelo autor a partir da primeira edição francesa publicada em 1999 por Raisons d'Agir, de Paris, França

Grafia atualizada segundo o Acordo Ortográfico da Língua Portuguesa de 1990, que entrou em vigor no Brasil em 2009.

Título original
Les Prisons de la misère

Capa
Carol Sá
Sérgio Campante

Tradução da Introdução à 2ª edição e do Posfácio
Maria Luiza X. de A. Borges

Revisão
Sergio Lamarão

CIP-Brasil. Catalogação na fonte
Sindicato Nacional dos Editores de Livros, RJ

W119p Wacquant, Loïc
2ed   As prisões da miséria / Loïc Wacquant; tradução André Telles, tradução da introdução à segunda edição e do prefácio Maria Luiza X. de A. Borges. — 2ª ed. ampl. — Rio de Janeiro: Zahar, 2011.

Tradução de: Les prisons de la misère.
ISBN 978-85-7110-596-6

1. Organização judiciária penal – Estados Unidos. 2. Organização judiciária penal – Europa. 3. Crime – Aspectos econômicos – Estados Unidos. 4. Crime – Aspectos econômicos – Europa. I. Título.

11-4617
CDD: 364.1
CDU: 343.9

[2021]
Todos os direitos desta edição reservados à
EDITORA SCHWARCZ S.A.
Praça Floriano, 19 — Sala 3001 — Cinelândia
20031-050 — Rio de Janeiro — RJ
Telefone: (21) 3993-7510
www.companhiadasletras.com.br
www.blogdacompanhia.com.br
facebook.com/editorazahar
instagram.com/editorazahar
twitter.com/editorazahar

*Para Ashante e Adbérazak,
e seus irmãos em injustiça
dos dois lados do Atlântico*

Sumário

Nota aos leitores brasileiros:
Rumo a uma ditadura sobre os pobres 9

Introdução à segunda edição 19

I. Como o "bom senso" penal chega aos europeus 25

   Manhattan, forja da nova razão penal 28
   A globalização da "tolerância zero" 38
   Londres, sucursal e pouso de aclimatação 47
   Importadores e colaboradores 60
   O *pidgin* científico da penalidade neoliberal 73

II. Do Estado-providência ao Estado-penitência: realidades norte-americanas, possibilidades europeias 85

   O encerramento dos pobres nos Estados Unidos 88
   O lugar da prisão no novo governo da miséria 104
   Precários, estrangeiros, drogados: os "clientes"
   privilegiados das prisões europeias 109
   Vigiar e punir: rumo ao social-panoptismo 127
   Depois da Europa monetária, a Europa policial
   e penitenciária? 148

Posfácio: Uma sociologia cívica da penalidade neoliberal ... 161

Notas 181

Agradecimentos 207

Nota aos leitores brasileiros
Rumo a uma ditadura sobre os pobres?

A penalidade* neoliberal apresenta o seguinte paradoxo: pretende remediar com um "mais Estado" policial e penitenciário o "menos Estado" econômico e social que é a *própria causa* da escalada generalizada da insegurança objetiva e subjetiva em todos os países, tanto do Primeiro como do Segundo Mundo. Ela reafirma a onipotência do Leviatã no domínio restrito da manutenção da ordem pública — simbolizada pela luta contra a delinquência de rua[1] — no momento em que este afirma-se e verifica-se incapaz de conter a decomposição do trabalho assalariado e de refrear a hipermobilidade do capital, as quais, capturando-a como tenazes, desestabilizam a sociedade inteira. E isso não é uma simples coincidência: é justamente *porque* as elites do Estado, tendo se convertido à ideologia do mercado-total vinda dos Estados Unidos, diminuem suas prerrogativas na frente econômica e social que é preciso aumentar e reforçar suas missões em matéria de "segurança", subitamente relegada à mera dimensão criminal. No entanto, e sobretudo, a penalidade neoliberal ainda é mais sedutora e mais funesta quando aplicada em países ao mesmo tempo atingidos por fortes desigualdades de condições e de oportunidades de vida e desprovidos de tradição democrática e de instituições capazes de amortecer os choques causados pela mutação do trabalho e do indivíduo no limiar do novo século.

---

* Penalidade refere-se ao conjunto das práticas, instituições e discursos relacionados à pena e, sobretudo, à pena criminal. (N.T.)

Isso é dizer que a alternativa entre o *tratamento social da miséria* e de seus correlatos — ancorado numa visão de longo prazo guiada pelos valores de justiça social e de solidariedade — e seu *tratamento penal* — que visa as parcelas mais refratárias do subproletariado e se concentra no curto prazo dos ciclos eleitorais e dos pânicos orquestrados por uma máquina midiática fora de controle, diante da qual a Europa se vê atualmente na esteira dos Estados Unidos[2] — coloca-se em termos particularmente cruciais nos países recentemente industrializados da América do Sul, tais como o Brasil e seus principais vizinhos, Argentina, Chile, Paraguai e Peru.[3]

Em primeiro lugar, por um conjunto de razões ligadas à sua história e sua posição subordinada na estrutura das relações econômicas internacionais (estrutura de dominação que mascara a categoria falsamente ecumênica de "globalização"), e a despeito do enriquecimento coletivo das décadas de industrialização, a sociedade brasileira continua caracterizada pelas disparidades sociais vertiginosas e pela pobreza de massa que, ao se combinarem, alimentam o crescimento inexorável da violência criminal, transformada em principal flagelo das grandes cidades. Assim, a partir de 1989, a morte violenta é a principal causa de mortalidade no país, com o índice de homicídios no Rio de Janeiro, em São Paulo e Recife atingindo 40 para cada 100.000 habitantes, ao passo que o índice nacional supera 20 para cada 100.000 (ou seja, duas vezes o índice norte-americano do início dos anos 1990 e 20 vezes o nível dos países da Europa ocidental). A difusão das armas de fogo e o desenvolvimento fulminante de uma economia estruturada da droga ligada ao tráfico internacional, que mistura o crime organizado e a polícia, acabaram por propagar o crime e o medo do crime por toda parte no espaço público.[4] Na ausência de qualquer rede de proteção social, é certo que a juventude dos bairros populares esmagados pelo peso do desemprego e do subemprego crônicos continurá a buscar no "capitalismo de pilhagem" da rua (como diria Max Weber) os meios de sobreviver e realizar os valores do código de honra masculino, já que não consegue escapar da miséria no cotidiano. O crescimento espetacular da repressão policial nesses últimos anos permaneceu sem efeito, pois a repressão não tem influência alguma sobre os motores dessa criminalidade que visa criar uma economia pela predação ali onde a economia oficial não existe ou não existe mais.[5]

Depois, a insegurança criminal no Brasil tem a particularidade de não ser atenuada, mas nitidamente *agravada* pela intervenção das forças da ordem. O uso rotineiro da violência letal pela polícia militar e o recurso habitual à tortura por parte da polícia civil (através do uso da "pimentinha" e do "pau de arara" para fazer os suspeitos "confessarem"), as execuções sumárias e os "desaparecimentos" inexplicados geram um clima de terror entre as classes populares, que são seu alvo, e banalizam a brutalidade no seio do Estado. Uma estatística: em 1992, a polícia militar de São Paulo matou 1.470 civis — contra 24 mortos pela polícia de Nova York e 25 pela de Los Angeles —, o que representa um quarto das vítimas de morte violenta da metrópole naquele ano. É de longe o recorde absoluto das Américas.[6] Essa violência policial inscreve-se em uma tradição nacional multissecular de controle dos miseráveis pela força, tradição oriunda da escravidão e dos conflitos agrários, que se viu fortalecida por duas décadas de ditadura militar, quando a luta contra a "subversão interna" se disfarçou em repressão aos delinquentes. Ela apoia-se numa concepção hierárquica e paternalista da cidadania, fundada na oposição cultural entre *feras e doutores*, os "selvagens" e os "cultos", que tende a assimilar *marginais*, trabalhadores e criminosos, de modo que a manutenção da ordem de classe e a manutenção da ordem pública se confundem.[7]

Um terceiro fator complica gravemente o problema: o recorte da hierarquia de classes e da estratificação etnorracial e a *discriminação baseada na cor*, endêmica nas burocracias policial e judiciária. Sabe-se, por exemplo, que em São Paulo, como nas outras grandes cidades, os indiciados de cor "se beneficiam" de uma vigilância particular por parte da polícia, têm mais dificuldade de acesso a ajuda jurídica e, por um crime igual, são punidos com penas mais pesadas que seus comparsas brancos.[8] E, uma vez atrás das grades, são ainda submetidos às condições de detenção mais duras e sofrem as violências mais graves. Penalizar a miséria significa aqui "tornar invisível" o problema negro e assentar a dominação racial dando-lhe um aval de Estado.[9]

A propósito, o desinteresse flagrante e a incapacidade patente dos tribunais em fazer respeitar a lei encorajam todos aqueles que podem buscar soluções *privadas* para o problema da insegurança — barricadas em "bairros fortificados", guardas armados, "vigilância" tolerada, e até encorajada, por parte dos *justiceiros* e das vítimas de crimes[10] —, o que tem por principal efeito propagar e intensificar a violência. Pois, a despeito do retorno à democracia constitucional, o Brasil nem sempre construiu um Estado de direito digno do nome. As duas décadas de ditadura militar continuam a pesar bastante tanto sobre o funcionamento do Estado como sobre as mentalidades coletivas, o que faz com que o conjuto das classes sociais tendam a identificar a defesa dos direitos do homem com a tolerância à *bandidagem*. De maneira que, além da marginalidade urbana, a violência no Brasil encontra uma segunda raiz em uma cultura política que permanece profundamente marcada pelo selo do autoritarismo.[11]

Em tais condições, desenvolver o Estado penal para responder às desordens suscitadas pela desregulamentação da economia, pela dessocialização do trabalho assalariado e pela pauperização relativa e absoluta de amplos contingentes do proletariado urbano, aumentando os meios, a amplitude e a intensidade da intervenção do aparelho policial e judiciário, equivale a (r)estabelecer uma verdadeira *ditadura sobre os pobres*. Mas quem pode dizer, uma vez reafirmada a legitimidade dessa gestão autoritarista da ordem social pelo uso sistemático da força na base da estrutura de classes, onde se deterá o perímetro de sua utilização? E como não ver que, na ausência de garantias jurídicas mínimas, as únicas que uma burocracia racional (conforme o esquema weberiano) encarregada de administrar a justiça pode oferecer, o recurso às técnicas e políticas punitivas de segurança *made in USA* é essencialmente antitético ao estabelecimento de uma sociedade pacificada e democrática, cuja base deve ser a igualdade de todos diante da lei e de seus representantes?[12]

Uma última razão, de simples bom senso, milita contra um recurso acrescido ao sistema carcerário para conter a escalada da miséria e dos distúrbios urbanos no Brasil. É o estado apavorante das prisões do país, que se parecem mais com *campos de concentração para pobres*, ou com empresas públicas de depósito industrial dos dejetos sociais, do que com instituições judiciárias servindo para alguma função penalógica — dissuasão, neutralização ou reinserção. O sistema penitenciário brasileiro acumula com efeito as taras das piores jaulas do Terceiro Mundo, mas levadas a uma escala digna do Primeiro Mundo, por sua dimensão e pela indiferença estudada dos políticos e do público:[13] entupimento estarrecedor dos estabelecimentos, o que se traduz por condições de vida e de higiene abomináveis, caracterizadas pela falta de espaço, ar, luz e alimentação (nos distritos policiais, os detentos, frequentemente inocentes, são empilhados, meses e até anos a fio em completa ilegalidade, até oito em celas concebidas para uma única pessoa, como na Casa de Detenção de São Paulo, onde são reconhecidos pelo aspecto raquítico e pela tez amarelada, o que lhes vale o apelido de "amarelos"); negação de acesso à assistência jurídica e aos cuidados elementares de saúde, cujo resultado é a aceleração dramática da difusão da tuberculose e do vírus HIV entre as classes populares; violência pandêmica entre detentos, sob forma de maus-tratos, extorsões, sovas, estupros e assassinatos, em razão da superlotação superacentuada, da ausência de separação entre as diversas categorias de criminosos, da inatividade forçada (embora a lei estipule que todos os prisioneiros devam participar de programas de educação ou de formação) e das carências da supervisão.

Mas o pior, além disso tudo, é a violência rotineira das autoridades, indo desde as brutalidades cotidianas até a tortura institucionalizada e as matanças em massa por ocasião das rebeliões que explodem periodicamente como reação às condições de detenção desumanas (cujo ponto máximo permanece o massacre do Carandiru, em 1992, quando a polícia militar matou 111 detentos em uma orgia selvagem estatal de outra era), e que se desdobra numa impunidade praticamente total.[14] Nessas condições, o aparelho carcerário brasileiro só serve para agravar a instabilidade e a pobreza das famílias cujos membros ele sequestra e para alimentar a criminalidade pelo desprezo escandaloso da lei, pela cultura da desconfiança dos outros e da recusa das autoridades que ele promove. Nem a expansão programada do sistema — em 1998 previa-se a duplicação do parque penitenciário com a construção de 52 novos estabelecimentos, dos quais 21 só para o estado de São Paulo — nem sua indispensável modernização, pela formação de pessoal e a introdução da informática, poderão remediar a incapacidade congênita da prisão de exercer um efeito qualquer sobre a criminalidade. Mesmo nos Estados Unidos, onde polícia e justiça são dotadas de meios colossais sem nenhum padrão comum com seus homólogos brasileiros, o sistema de justiça penal trata apenas de uma parte ínfima dos atentados mais graves, sendo apenas 3% dos crimes de sangue punidos com pena de prisão. De resto, a comparação internacional mostra que não existe nenhuma correlação entre nível de crime e nível de encarceramento.[15]

Em suma, a adoção das medidas norte-americanas de limpeza policial das ruas e de aprisionamento maciço dos pobres, dos inúteis e dos insubmissos à ditadura do mercado desregulamentado só irá agravar os males de que já sofre a sociedade brasileira em seu difícil caminho rumo ao estabelecimento de uma democracia que não seja de fachada, quais sejam, "a deslegitimação das instituições legais e judiciárias, a escalada da criminalidade violenta e dos abusos policiais, a criminalização dos pobres, o crescimento significativo da defesa das práticas ilegais de repressão, a obstrução generalizada ao princípio da legalidade e a distribuição desigual e não equitativa dos direitos do cidadão".[16] A despeito dos zeladores do Novo Éden neoliberal, a urgência, no Brasil como na maioria dos países do planeta, é lutar em todas as direções não contra os criminosos, mas contra a pobreza e a desigualdade, isto é, contra a insegurança social que, em todo lugar, impele ao crime e normatiza a economia informal de predação que alimenta a violência.

Ao trazer um esclarecimento teórico e colocar em perspectiva internacional as causas e os mecanismos da difusão da penalidade neoliberal inventada nos Estados Unidos a fim de estabelecer o novo regime do emprego desregulamentado, espero que este livro contribua para amplificar os *discursos sediciosos* sobre crime, direito e sociedade no Brasil,[17] que se esforçam, à margem da exploração midiática e das fantasias políticas da "segurança-total" agora partilhadas pela direita e pela esquerda, por reconectar a questão criminal e a questão social, a insegurança física cujo vetor é a criminalidade de rua e a insegurança social gerada em toda parte pela dessocialização do trabalho assalariado, o recuo das proteções coletivas e a "mercantilização" das relações humanas. Pois, em última análise, o que está em jogo na escolha entre a edificação, por mais lenta e difícil que seja, de um Estado social, e a escalada, sem freios nem limites uma vez que se autoalimentam, da réplica penal é simplesmente o tipo de sociedade que o Brasil pretende construir no futuro: uma sociedade aberta e ecumênica, animada por um espírito de igualdade e de concórdia, ou um arquipélago de ilhotas de opulência e de privilégios perdidas no seio de um oceano frio de miséria, medo e desprezo pelo outro.[18]

Berkeley e Paris, fevereiro de 2001

NOTAS

1. Os governos de direita sempre fizeram da "manutenção da ordem" a base de sua concepção hierárquica da sociedade. A novidade em nossos dias é que os políticos de esquerda, ou os que assim se pretendem, colocaram a "segurança" no nível de direito fundamental, fingindo (como Tony Blair na Inglaterra e Lionel Jospin na França) "descobrir" que os pobres são as primeiras vítimas da criminalidade de rua (o que sempre foi o caso, em todas as épocas e em todos os países) para melhor justificar sua canonização em prioridade da ação pública disfarçada de "justiça social".

2. Encontraremos uma análise aprofundada do advento do Estado penal nos Estados Unidos em Loïc Wacquant, *Punir os pobres: a nova gestão da miséria nos Estados Unidos*, Rio de Janeiro, Freitas Bastos, col. Pensamento Criminológico, 2001.

3. Para o caso da Argentina, cf. Loïc Wacquant, "Mister Bratton comes to Buenos Aires. Prefacio a la edición para América Latina", in *Cárceles de la miséria*, Buenos Aires, Manantial, 2000, p.11-7.
4. No Rio de Janeiro, em 1992, três quartos dos homens vítimas de homicídio eram assassinados em espaços públicos, e dois terços das vítimas o eram em função do tráfico de drogas (Luiz Eduardo Soares et al., *Violência e política no Rio de Janeiro*, Rio de Janeiro, Relume Dumará, 1996, p.241-2).
5. Vera Malaguti Batista, *Difíceis ganhos fáceis: drogas e juventude pobre no Rio de Janeiro*, Rio de Janeiro, Freitas Bastos, 1998; Álvaro de Aquino Gullo, "Violência urbana: um problema social", *Tempo Social*, 10-1, mai 1998, p.105-19; Alba Zaluar e Alexandre Isidoro Ribeiro, "The drug trade, crime and policies of repression in Brazil", *Dialectical Anthropology*, 20-1, mai 1995, p.95-108; e Luís Antonio Machado da Silva, "Um problema na interpretação da criminalidade urbana violenta", *Sociedade e Estado*, 10-2, jul 1995, p.493-511; para uma comparação com a Europa e os Estados Unidos, ver Loïc Wacquant, "O retorno do recalcado: violência urbana, 'raça' e dualização em três sociedades avançadas", *Revista Brasileira de Ciências Sociais*, 24, fev 1994, p.16-30 (republicado in idem, *Os condenados da cidade*, Rio de Janeiro, Revan, 2001).
6. Paul Chevigny, *Edge of the Knife: Police Violence in the Americas*, Nova York, New Press, 1995, cap.5; James Cavallara e Anne Manuel, *Police Brutality in Urban Brazil*, Washington, Human Rights Watch, 1997.
7. Roberto da Matta, *Carnavais, malandros e heróis: para uma sociologia do dilema brasileiro*, Rio de Janeiro, Zahar, 1978, e Paulo Sérgio Pinheiro, *Crime, violência e poder*, São Paulo, Brasiliense, 1983.
8. Sérgio Adorno, "Discriminação racial e justiça criminal em São Paulo", *Novos Estudos Cebrap*, 43, nov 1995, p.45-63; a discriminação racial diante da justiça tem raízes históricas profundas, como mostrou Carlos Antonio Costa Ribeiro em *Cor e criminalidade: estudo e análise da justiça no Rio de Janeiro, 1900-1930*, Rio de Janeiro, Editora UFRJ, 1995.
9. Pedro Rodolfo Bodé de Moraes e Marcilene Garcia de Souza, "Invisibilidade, preconceito e violência racial em Curitiba", *Revista de Sociologia e Política*, 13, nov 1999, p.7-16.
10. Teresa Pires do Rio Caldeira, "Enclaves fortificados: a nova segregação urbana", *Novos Estudos Cebrap*, 47, mar 1997, p.155-76.
11. Angelina Péralva, "Brésil: les nouvelles faces de la violence", *Cultures et Conflits*, 6, verão 1992, p.113-27, e Juan E. Méndez, Guillermo O'Donnell e Paulo Sérgio Pinheiro (orgs.), *The (un)Rule of Law and the Underprivileged in Latin America*, Notre Dame, University of Notre Dame Press, 1999.
12. O funcionamento atual das administrações policiais e judiciárias brasileiras é tão ineficiente, caótico e débil, no estrito plano jurídico, que exigiria, para se encaixarem nas normas estipuladas pelas convenções internacionais, uma reestruturação de alto a baixo (Paulo Sérgio Pinheiro, "Violência, crime e sistemas policiais em países de novas democracias", *Tempo Social*, 9-1, mai 1997, p.43-52).

13. Com 170.000 detentos, o Brasil exibe uma população carcerária três vez maior que a da França, para um índice de encarceramento nacional de 95 detentos para cada 100.000 habitantes, próximo aos índices dos principais países europeus, mas que esconde fortes disparidades regionais: em 1995, data do mais recente censo penitenciário disponível, atingia 175 para cada 100.000 habitantes no estado de São Paulo, 164 no Mato Grosso do Sul, 150 na Paraíba e perto de 130 em Rondônia, Rio de Janeiro e Distrito Federal (Conselho Nacional de Política Criminal e Penitenciária, *Censo Penitenciário de 1995*, Brasília, Departamento Penitenciário Nacional, 1998).

14. Human Rights Watch, *Behind Bars in Brazil*, Washington, HRW, 1998, e Cesar Barros Leal, "The prison system in Brazil: the APAC experience", *Caribbean Journal of Criminology and Social Psychology*, 4-1/2, jan-jul 1999, p.254-67.

15. Marc Mauer e Sentencing Project, *Race to Incarcerate*, Nova York, New Press, 1999, p.105; Nils Christie, *Crime Control as Industry: Towards Gulags Western Style*, Londres, Routledge, 2000; Vivien Stern, *A Sin Against the Future: Imprisonment in the World*, Boston, Northeastern University Press, 1998.

16. Teresa Caldeira e James Holston, "Democracy and violence in Brazil", *Comparative Studies in Society and History*, 41-4, out 1999, p.691-729.

17. Aludo aqui deliberadamente à revista *Discursos Sediciosos — Crime, Direito e Sociedade*, publicada pelo Instituto Carioca de Criminologia; ver também Paulo Sérgio Pinheiro et al., *São Paulo sem medo: um diagnóstico da violência urbana*, Rio de Janeiro, Garamond, 1998, e Nilo Batista, *Punidos e mal pagos: violência, justiça, segurança pública e direitos humanos no Brasil de hoje*, Rio de Janeiro, Revan, 1990.

18. Distopia em vias de realização, bem descrita por Teresa Pires do Rio Caldeira em *City of Walls: Crime, Segregation, and Citizenship in São Paulo*, Berkeley, University of California Press, 2001.

Introdução à segunda edição

Denúncias virulentas da "violência urbana", vigilância intensificada dos chamados bairros-problema, maior temor e repressão da delinquência juvenil, molestamento dos sem-teto e imigrantes no espaço público, toques de recolher noturnos e "tolerância zero", aumento incessante da população carcerária, deterioração e privatização dos serviços correcionais, monitoração disciplinar dos beneficiários da assistência pública: em toda a União Europeia, os governos vêm se rendendo à tentação de recorrer à polícia, aos tribunais e à prisão para estancar as desordens geradas pelo desemprego em massa, pela generalização do trabalho assalariado precário e pelo encolhimento da proteção social. *As prisões da miséria* mostra como esse novo bom senso punitivo foi forjado nos Estados Unidos por uma rede de institutos de consultoria da era Reagan como uma arma em sua cruzada para desmantelar o Estado de bem-estar, antes de ser exportado para a Europa ocidental e o resto do mundo, junto com a ideologia econômica neoliberal que ele traduz e aplica ao domínio da "justiça". E revela como a transição do Estado social para o Estado penal, conduzida pela guinada dos Estados Unidos para o hiperencarceramento como uma estranha política antipobreza, pressagia o advento de um *novo governo de insegurança social*, que une a "mão invisível" do mercado de trabalho desregulado ao "punho de ferro" de um aparato punitivo, onipresente e intrusivo.

A demonstração desdobra-se em dois passos. A primeira parte do livro ("Como o 'bom senso' penal chega aos europeus") rastreia os processos e os caminhos pelos quais a *doxa punitiva neoliberal*, composta de noções e medidas que pretendem criminalizar a pobreza — e com isso normalizar o trabalho inseguro na base da estrutura de classes —, foi incubada nos Estados Unidos e está sendo internacionalizada, na verdade globalizada. Distinguem-se três estágios na difusão transatlântica dessa nova maneira de pensar e lidar com a questão da "segurança" na cidade: (i) a gestação, exibição e disseminação, por institutos de consultoria americanos e seus aliados nos campos burocrático e jornalístico, de expressões, teses e medidas ("policiamento com tolerância zero", a "teoria da vidraça quebrada", "a prisão funciona" etc.) que convergem para punir a marginalidade social e seus correlatos; (ii) a importação seletiva dessas expressões, teses e medidas, mediante um trabalho de tradução e adaptação ao idioma cultural e à estrutura institucional nacionais, levado a cabo pelos funcionários públicos e líderes políticos dos diferentes países receptores; (iii) a "academização" das categorias da penalidade neoliberal por pesquisas pseudoacadêmicas, feitas sob medida para ratificar a abdicação do Estado social e econômico e legitimar a sustentação do Estado penal.

Dedico particular atenção ao papel axial desempenhado pelo Manhattan Institute na formulação e no empacotamento da política agressiva de "qualidade de vida" executada pelo prefeito Rudolph Giuliani e seu chefe da polícia na cidade de Nova York, William Bratton, transformada na Meca do combate ao crime por uma sagaz campanha publicitária. Parece-me que a difusão transatlântica da "lei e ordem" ao estilo americano foi facilitada pelos estreitos laços estabelecidos entre os institutos de consultoria pró-mercado nos Estados Unidos e os institutos de política congêneres que se espalharam com rapidez na década passada por toda a Europa, em especial na Inglaterra. Em assuntos de emprego e previdência social, Londres serviu como o cavalo de troia e câmara de aclimatação para a penalidade neoliberal em seu caminho à propagação pelo continente europeu. Um ator principal nisso é o Institute of Economic Affairs, que levou ao Reino Unido primeiro Charles Murray para defender a redução do *welfare* como forma de deter o crescimento de uma *"underclass"* destrutiva, depois Lawrence Mead para estimular a adoção do *"workfare"* paternalista, e por fim o próprio William Bratton, a fim de angariar adeptos para o policiamento com "tolerância zero". Mas, se a exportação dos novos produtos americanos de combate ao crime provou-se tão bem-sucedida no nível da retórica pública e da formulação, se não no da implementação, de políticas, foi porque se adequava à perspectiva e servia às necessidades políticas dos líderes partidários e governantes dos países importadores, à medida que eles se convertiam à religião do "livre mercado" e ao imperativo do "Estado mínimo" — isto é, em questões sociais e econômicas. Isso se aplica com particular ironia a Lionel Jospin e aos socialistas franceses depois que eles voltaram ao poder em 1997, na esteira das gigantescas manifestações antineoliberais de dezembro de 1995 que derrubaram a maioria conservadora. Como seus confrades britânicos, alemães e italianos, os socialistas franceses aderiram alegremente ao aglutinante "consenso de Washington" com relação à punição, num esforço para fortalecer sua legitimidade política, oferecendo maior segurança criminal como uma forma de se desviar da maior insegurança social gerada por sua política econômica e granjear apoio para ela.

A segunda parte do livro examina a transição do "Estado-providência" ao "Estado-penitência" nos Estados Unidos, onde ela foi empreendida com vigor por um quarto de século, e na União Europeia, onde começa a ser oferecida agora como um tratamento eficaz para a perniciosa combinação de desemprego, imigração e criminalidade. Começo por caracterizar de maneira compacta, analítica e empírica a ascensão do Estado carcerário em cinco dimensões: (i) a expansão vertical, mediante o aumento desenfreado das populações carcerárias em todos os níveis do sistema prisional; (ii) a expansão horizontal, mediante a extensão da prisão com sursis (*probation*), da liberdade condicional punitiva (*parole*) e da ampliação dos bancos de dados eletrônicos e genéticos que permitem a intensificação da vigilância à distância; (iii) o aumento desproporcional dos orçamentos e do pessoal destinados ao sistema carcerário no seio das administrações públicas, no momento exato em que os gastos com educação e assistência social estão diminuindo; (iv) a ressurgência e o desenvolvimento frenético de uma indústria privada da detenção generosamente sustentada por Wall Street; (v) uma política de "ação carcerária afirmativa", que resulta na predominância demográfica de afro-americanos e no aprofundamento da disparidade racial e da hostilidade no seio das populações confinadas. Demonstro que a "expansão" do setor penal do Estado americano está relacionada, de maneira causal e funcional, à "redução" de seu setor previdenciário na era pós-keynesiana. Ambas fazem parte da construção de um regime de *paternalismo liberal* que confere ao sistema penal hipertrófico um lugar central no aparato emergente para a gestão da pobreza, na encruzilhada do mercado de trabalho desqualificado, dos programas de previdência social reformados para escorar o emprego informal e da falência do gueto negro como instrumento de controle etnorracial. Em suma, o fortalecimento da prisão nos Estados Unidos pós-fordistas está relacionado ao redesenho do perímetro e da missão do Leviatã (a propósito, isso esvazia o mito ativista do "complexo prisional-industrial" e sua visão alucinatória do encarceramento para o lucro capitalista e a exploração do trabalho dos detentos).

Após ter mapeado os contornos do Estado penal americano, documento as várias tendências que convergem para constituir, por assim dizer, um "caminho europeu" rumo ao tratamento penal da pobreza e da desigualdade, caracterizado pela intensificação *conjunta* das intervenções *tanto previdenciárias quanto penais* (em vez da substituição de uma pela outra, como nos Estados Unidos): o crescimento constante das taxas de encarceramento na maioria dos membros da União Europeia desde a década de estagflação de 1970; a enorme super-representação, entre seus detentos, dos segmentos mais precários da classe trabalhadora, incluindo os desempregados, os imigrantes não europeus e os viciados em drogas; o endurecimento da punição, mais abertamente voltada para a incapacitação do que para a reabilitação; e a persistente superlotação das cadeias e prisões reduzindo efetivamente o confinamento à sua função de armazenar os indesejáveis. A mudança punitiva dos discursos públicos sobre a desordem urbana, em especial os pronunciados entre altos funcionários socialistas e social-democratas, revela uma mudança análoga rumo a uma reação de polícia-e-prisão à pobreza urbana em expansão e a deslocamentos sociais relacionados, que, de maneira paradoxal, originam-se da amputação da capacidade do Estado para a ação social e econômica. Temos, portanto, fundamentos para prever que uma convergência "descendente" da Europa na frente do trabalho e do *welfare* resultaria numa convergência "ascendente" na frente penal, traduzindo-se em mais uma explosão da população carcerária. De fato, *a construção da Europa penal já está bem avançada*, à medida que a unificação da polícia, da justiça e da penitenciária se segue à unificação monetária como a próxima grande plataforma para a integração europeia, enquanto a "Europa social" definha no estágio de uma visão vaga e de um projeto retórico.

Rastrear a difusão da *doxa* neoliberal e do arco diferencial da penalidade da pobreza dos dois lados do Atlântico nas últimas décadas do século XX revela muito sobre a transformação do Estado e do poder de classe na era do neoliberalismo hegemônico. Mostra também que o retorno inesperado da prisão para o primeiro plano institucional na sociedade avançada não resulta de tendências na criminalidade ou da maior eficiência da polícia e das burocracias judiciais, agora orientadas por uma teoria científica (como pretende a fábula semiacadêmica das "janelas quebradas"), mas sim de escolhas políticas informadas por valores culturais que ganharam importância graças a assimetrias de poder. O fato de a expansão carcerária não ser um destino, mas uma política, significa que ela pode ser questionada, desacelerada, e por fim revertida por outras políticas. É minha esperança que o presente livro forneça materiais empíricos, ferramentas conceituais e indicadores políticos que contribuam para isso.

5 de dezembro de 2010

I. Como o "bom senso" penal chega aos europeus

Há alguns anos a Europa vem sofrendo a escalada de um desses pânicos morais capazes, por sua amplitude e virulência, de mudar profundamente os rumos das políticas estatais e de redesenhar duradouramente a fisionomia das sociedades por ele atingidas. Seu *objeto aparente*, demasiado aparente uma vez que tende a invadir o debate público até a saturação nos anos que correm: a delinquência dos "jovens", a "violência urbana" e os múltiplos distúrbios, cujo centro de irradiação seriam os "bairros sensíveis", e as incivilidades, cujas grandes vítimas e primeiros culpados presumem-se ser seus habitantes. São muitos os termos que convém manter entre aspas — sua significação é tão difusa quanto os fenômenos que supostamente designam —, os quais, aliás, nada prova que sejam apropriados aos "jovens", a certos "bairros" e ainda menos a "urbanos". No entanto, assim os encontramos caracterizados por toda parte e por isso mesmo nos parecem naturais. Eles ornamentam o discurso dos políticos, entopem os jornais e a televisão, e não faltam politólogos e sociólogos hábeis em se grudar à atualidade para produzir esses livros-de-ocasião que, com a desculpa de "atacar as ideias feitas", outorgam-lhes a dignidade de "fatos sociais", ou mesmo de categorias de análise.

Ora, essas noções não brotaram espontaneamente, já todas constituídas, da realidade. Elas inscrevem-se em uma vasta constelação discursiva de termos e teses vindos dos Estados Unidos sobre o crime, a violência, a justiça, a desigualdade e a responsabilidade — do indivíduo, da "comunidade", da coletividade nacional — que pouco a pouco se insinuaram no debate público europeu e que devem o essencial de seu poder de persuasão à sua onipresença e ao prestígio redescoberto de seus pioneiros na cena internacional.[1] A banalização desses lugares-comuns dissimula um risco que muito pouco tem a ver com os problemas aos quais se referem ostensivamente: a redefinição das missões do Estado, que, em toda parte, se retira da arena econômica e afirma a necessidade de reduzir seu papel social e de ampliar, endurecendo-a, sua intervenção penal. O Estado-providência europeu deveria doravante ser enxugado, depois punir suas ovelhas dispersas e reforçar a "segurança", definida estritamente em termos físicos e não em termos de riscos de vida (salarial, social, médico, educativo etc.), ao nível de prioridade da ação pública.

Supressão do Estado econômico, enfraquecimento do Estado social, fortalecimento e glorificação do Estado penal: a "coragem" cívica, a "modernidade" política e a própria audácia progressista (vendida do outro lado da Mancha sob a etiqueta de "terceira via") imporiam atualmente que aderíssemos às banalidades e aos dispositivos de segurança mais desgastados. "Republicanos, não temamos!", assim exortam com bravura os agentes de uma nova repressão que se diz "de esquerda" governamental — podemos contar entre eles dois antigos ministros e um conselheiro de Mitterrand, um editorialista do *Nouvel Observateur* e dois diretores da revista *Esprit* — em uma coluna de opinião publicada pelo *Monde* em setembro de 1998 e que exprime sem disfarces o novo pensamento oficial em relação à matéria: em nome do povo, em seu interesse judiciosamente concebido (por nós), restabeleçamos a ordem e a lei a fim de vencer impetuosamente "a prova de velocidade atualmente disputada entre a restauração reacionária e a refundação republicana".[2]

Seria preciso reconstituir, ponto por ponto, a longa cadeia das instituições, agentes e suportes discursivos (notas de consultores, relatórios de comissão, missões de funcionários, intercâmbios parlamentares, colóquios de especialistas, livros eruditos ou para o grande público, entrevistas coletivas, artigos de jornais e reportagens de TV etc.) por meio da qual *o novo senso comum penal visando criminalizar a miséria — e, por esse viés, normatizar o trabalho assalariado precário — concebido nos Estados Unidos se internacionaliza*, sob formas mais ou menos modificadas e irreconhecíveis, a exemplo da ideologia econômica e social fundada no individualismo e na mercantilização, da qual ele é a tradução e o complemento em matéria de "justiça". Vamos nos contentar aqui com algumas indicações seletivas acerca dos canais mais visíveis, mas que bastam para dar a ideia da amplitude e do impacto transcontinental dessa operação planetária de marketing ideológico. Vamos nos limitar igualmente às relações entre os Estados Unidos e a Europa ocidental, levando em conta que a influência de Washington, tanto no plano econômico como no penal, faz se sentir ainda mais fortemente na América Latina e, suprema ironia histórica, em grande número de países do antigo império soviético.[3]

Da mesma maneira devemos nos contentar, por motivo de concisão, em retraçar o impacto de um único instituto de consultoria nos Estados Unidos e na Inglaterra, ao passo que seria preciso, para dar toda sua força à análise que se segue, reconstituir a trama completa das múltiplas relações que ligam esses organismos uns aos outros, de um lado, e a uma gama variada de agentes e instituições detentores de posições de poder no seio dos campos político, econômico, jornalístico e universitário, de outro. Pois o sucesso desse ou daquele participante (pessoa ou organização) no vasto tráfico transcontinental de ideias e de políticas públicas em que se inscreve a internalização da penalização da miséria não se deve à "influência" que desfruta a título individual — o que seria o mesmo que tomar o efeito pela causa —, mas à posição que ocupa no seio da estrutura das relações de competição e de conluio, de subordinação e de dependência, que o ligam ao conjunto dos outros protagonistas e que está na raiz dos efeitos que é suscetível de exercer.

Isto para lembrar — contra a concepção carismática do intelectual, cavaleiro solitário montado em escritos e armado apenas de suas ideias, e seu complemento coletivo, a teoria da conspiração (que atribui às opiniões conscientes e às estratégias coordenadas de um grupo, no caso, de um país, o produto de engrenagens e de encadeamentos institucionais múltiplos que ninguém, por mais poderoso que seja, controla) — que os autores e organismos cujas propostas e atividades são aqui analisadas de tão perto nada mais são, sob o ângulo que nos interessa, que a concretização, pessoal ou institucional, de sistemas de forças materiais e simbólicas que os perpassam e ultrapassam.[4] Seus textos e intervenções são outras tantas manifestações locais e pontuais, dentro de tal espaço nacional, da instauração de um *novo regime internacional* de relações entre o campo político-burocrático, o campo econômico, o campo midiático e o campo intelectual, do qual participam, entre outros, a integração mundial dos grandes grupos de imprensa e edição, o florescimento sem precedentes do mercado internacional de direitos empresariais dominados pelos gabinetes anglo-saxões, a exportação transatlântica das técnicas americanas de marketing eleitoral e a recente proliferação, nos países europeus, das fundações e institutos de consultoria com vocação semierudita, semipolítica, assim como novas "profissões" derivadas (tais como "consultor em segurança"), regime que provoca o alinhamento planetário das políticas públicas a essa encarnação histórica particular da utopia neoliberal que são os Estados Unidos da América do fim do século XX.[5]

Manhattan, forja da nova razão penal

Essa vasta rede de difusão parte de Washington e Nova York, atravessa o Atlântico para aportar em Londres e, a partir daí, estende suas ramificações por todo o continente. Ela encontra sua origem no complexo formado pelos órgãos do Estado americano oficialmente encarregados de promover o "rigor penal" que grassa nos Estados Unidos há duas décadas, tendo por resultado uma quadruplicação da população penitenciária absolutamente inédita em um período em que a criminalidade estagnava e depois recuava.[6] Entre essas instâncias, o Ministério da Justiça federal (que promove periodicamente verdadeiras campanhas de *des*informação sobre a criminalidade e o sistema carcerário) e o Departamento de Estado (encarregado das relações exteriores que, por intermédio de suas embaixadas, milita ativamente, em cada país anfitrião, em prol de políticas penais ultrarrepressivas, particularmente em matéria de drogas), os organismos para-públicos e profissionais ligados à administração policial e penitenciária (Fraternal Order of Police, American Correctional Association, American Jail Association, sindicatos de agentes penitenciários etc.), assim como as associações de defesa das vítimas do crime, as mídias e as empresas privadas participantes do grande *boom* relativo à economia do sistema carcerário (firmas de carceragem, de saúde penitenciária, de construção, de tecnologias de identificação e de vigilância, escritórios de arquitetura, de seguros e de corretagem etc.).[7]

Porém, nesse domínio, bem como em muitos outros, a partir da denúncia do contrato social fordista-keynesiano, o setor privado traz uma contribuição decisiva à concepção e à realização da "política pública". Como consequência, o papel eminente que cabe aos *think tanks*[*] neoconservadores na constituição, depois na internacionalização, da nova *doxa* punitiva põe em relevo os laços orgânicos, tanto ideológicos como práticos, entre o perecimento do setor social do Estado e o desdobramento de seu braço penal. De fato, os institutos de consultoria que, dos dois lados do Atlântico, prepararam o advento do "liberalismo real" sob Ronald Reagan e Margaret Thatcher através de um paciente trabalho de sabotagem intelectual das noções e das políticas keynesianas na frente econômica e social entre 1975 e 1985,[8] com uma década de defasagem, alimentaram igualmente as elites políticas e midiáticas com conceitos, princípios e medidas em condições de justificar e acelerar o reforço do aparelho penal. Os mesmos — países, partidos, políticos e professores — que ontem militavam, com o sucesso insolente que se pode constatar dos dois lados do Atlântico, em favor de "menos Estado" para o que diz respeito aos privilégios

---

[*] *Think tanks*: institutos de consultoria que analisam problemas e propõem soluções nas áreas militar, social e política. (N.T.)

do capital e à utilização da mão de obra, exigem hoje, com o mesmo ardor, "mais Estado" para mascarar e conter as consequências sociais deletérias, nas regiões inferiores do espaço social, da desregulamentação do trabalho assalariado e da deterioriação da proteção social.

Do lado americano, mais ainda que o American Enterprise Institute, o Cato Institute e a Heritage Foundation, é o Manhattan Institute que, depois de ter lançado Charles Murray, guru da administração Reagan em matéria de *welfare*, popularizou o discurso e os dispositivos visando reprimir os "distúrbios" provocados por aqueles que Alexis de Tocqueville já chamava "a derradeira populaça de nossas grandes cidades". Em 1984, o organismo criado por Anthony Fischer (o mentor de Margaret Thatcher) e William Casey (que pouco depois se tornaria diretor da CIA) para aplicar os princípios da economia de mercado aos problemas sociais põe em circulação *Losing Ground*, obra de Murray que servirá de "bíblia" para a cruzada contra o Estado-providência de Ronald Reagan.[9] Segundo esse livro, oportunamente publicado para dar um aval pseudoerudito à enérgica política de desengajamento social implementada pelo governo republicano (com o assentimento do Congresso de maioria democrata), a excessiva generosidade das políticas de ajuda aos mais pobres seria responsável pela escalada da pobreza nos Estados Unidos: ela recompensa a inatividade e induz à degenerescência moral das classes populares, sobretudo essas uniões "ilegítimas" que são a causa última de todos os males das sociedades modernas — entres os quais a "violência urbana".

> Charles Murray era um politólogo ocioso de reputação medíocre. O Manhattan Institute lhe ofereceu 30.000 dólares e dois anos de tranquilidade para escrever *Losing Ground: American Social Policy, 1950-1980*. Depois ele organizou, com seus aliados nos campos jornalístico e burocrático, um alarido midiático sem precedentes em torno do livro. Um especialista em relações públicas foi contratado para promovê-lo; um milheiro de cópias

foi enviado a título de gentileza a jornalistas, eleitos e pesquisadores cuidadosamente peneirados. Murray foi "colocado" no circuito dos *talk shows* televisados e das conferências universitárias, e encontros foram organizados com diretores e comentaristas da imprensa. O Manhattan Institute chegou a empreender um grande simpósio em torno de *Losing Ground*, pelo qual os participantes, jornalistas, especialistas em políticas públicas e em ciências sociais, fizeram jus a "honorários" que chegavam a 1.500 dólares afora hospedagem grátis num hotel de luxo no coração de Nova York.[10] Como foi publicado no auge da popularidade de Reagan e como remava no sentido da corrente política dominante — (muito) menos Estado (social) —, essa obra recheada de absurdos lógicos e erros empíricos tornou-se de um dia para o outro um "clássico" do debate sobre a ajuda social nos Estados Unidos.[11] É verdade que ele veio logo depois da ode à glória do capitalismo — e dos capitalistas, heróis épicos da batalha pela criação de riquezas — de George Gilder, *Wealth and Poverty*, que a *Economist* acolhera com esta salva: "Benditos aqueles que ganham dinheiro." Para Gilder, a fonte da miséria nos Estados Unidos já se encontrava na "anarquia familiar entre os pobres concentrados na *inner city*" e sustentados pelas ajudas sociais, cujo efeito é perverter o desejo de trabalhar, minar a família patriarcal e erodir o fervor religioso, que desde sempre são as três molas da prosperidade.[12]

Depois de um livro de filosofia de supermercado que se pretendia uma defesa do libertarismo, *In Pursuit of Happiness and Good Government*, que descreve o Estado como a força fundamentalmente nociva responsável por todos os males do universo e clama por um retorno a uma América jeffersoniana mitificada[13] — o qual no entanto as revistas intelectuais mundanas, tais como a *New York Review of Books*, se viram na obrigação de repercutir em razão da postura política inédita de seu autor —, Murray novamente alimentou a crônica midiática com esse autêntico tratado de racismo erudito, escrito em colaboração com o psicólogo de Harvard Richard Herrnstein, que é *The Bell Curve: Intelligence and Class Structure in American Life*, que sustenta que as desigualdades raciais e de classe na América refletem as diferenças individuais de "capacidade cognitiva".

Segundo *The Bell Curve*, o quociente intelectual determina não apenas quem entra e tem êxito na universidade, mas ainda quem se torna mendigo ou milionário, quem vive nos sacramentos do matrimônio em vez de numa união livre ("as uniões ilegítimas — um dos mais importantes problemas sociais de nossa época — estão fortemente ligadas ao nível de inteligência"), se uma mãe educa convenientemente seus filhos ou se os ignora, e quem cumpre conscienciosamente seus deveres cívicos ("as crianças mais inteligentes de todas as classes sociais, mesmo entre os mais pobres, aprendem mais rápido como funciona o Estado e são mais suscetíveis de se informar e discutir assuntos políticos e deles participar"). Como é de se esperar, o QI também governa a propensão ao crime e ao encarceramento: alguém se torna criminoso não porque sofre de privações materiais [*deprived*]. "Muitas pessoas se inclinam a pensar que os criminosos são pessoas oriundas dos 'bairros ruins' da cidade. Têm razão no sentido de que é nesses bairros que residem de maneira desproporcional as pessoas de baixa capacidade cognitiva." Em suma, todas as "patologias sociais" que afligem a sociedade americana estão "notavelmente concentradas na base da distribuição do quociente intelectual".

Segue-se logicamente que o Estado deve se abster de intervir na vida social para tentar reduzir desigualdades fundadas na natureza, sob pena de agravar os males que tenta atenuar perpetuando "as perversões do ideal igualitário surgido com a Revolução Francesa". Pois, "sejam jacobitas [sic] ou leninistas, as tiranias igualitaristas são mais que desumanas: são inumanas".[14]

Consagrado como a primeira "fábrica de ideias" da nova direita americana federada em torno do tríptico mercado livre/responsabilidade individual/valores patriarcais, dono de um orçamento que ultrapassa os cinco milhões de dólares, o Manhattan Institute organiza uma conferência no início dos anos 1990, depois publica um número especial de sua revista *City* sobre "a qualidade de vida". (Essa luxuosa revista, que ambiciona "civilizar a cidade" e cujos 10.000 exemplares são distribuídos gratuitamente junto a políticos, altos funcionários, homens de negócios e jornalistas influentes, tornou-se nesse ínterim a principal referência comum dos homens públicos com poder decisório da região.) A ideia-força reside em que o "caráter sagrado dos espaços públicos" é indispensável à vida urbana e, *a contrario*, que a "desordem" na qual se comprazem as classes pobres é o terreno natural do crime. Entre os atentos participantes desse "debate", está o fiscal-vedete de Nova York, Rudolph Giuliani, que acaba de perder as eleições à prefeitura para o democrata negro David Dinkins e que vai extrair disso os temas de sua campanha vitoriosa de 1993.[15] E as diretrizes da política policial e judiciária, que logo farão de Nova York a vitrine mundial da doutrina da "tolerância zero" ao passar às forças da ordem um cheque em branco para perseguir agressivamente a pequena delinquência e reprimir os mendigos e os sem-teto nos bairros deserdados.

É ainda o Manhattan Institute que vulgariza a teoria dita "da vidraça quebrada" [*broken windows theory*], formulada em 1982 por James Q. Wilson (papa da criminologia conservadora nos Estados Unidos) e George Kelling em artigo publicado pela revista *Atlantic Monthly*: adaptação do dito popular "quem rouba um ovo rouba um boi", essa pretensa teoria sustenta que é lutando passo a passo contra os pequenos distúrbios cotidianos que se faz recuar as grandes patologias criminais. Seu Center for Civic Initiative, cujo objetivo é "pesquisar e publicar soluções criativas para os problemas urbanos baseadas no livre mercado" e que conta entre seus *fellows* com Richard Schwartz, o arquiteto dos programas de trabalho forçado (*workfare*) da administração Giuliani e executivo-chefe da Opportunity of America (firma privada de "colocação" de emprego dos destinatários das ajudas sociais), financia e promove o livro de George Kelling e Catherine

Coles, *Fixing Broken Windows: Restoring Order and Reducing Crime in Our Communities* ["Consertando as vidraças quebradas: como restaurar a ordem e reduzir o crime em nossas comunidades"].[16]

Essa teoria, jamais comprovada empiricamente, serve de álibi criminológico para a reorganização do trabalho policial empreendida por William Bratton, responsável pela segurança do metrô de Nova York promovido a chefe da polícia municipal. O objetivo dessa reorganização: refrear o medo das classes médias e superiores — as que votam — por meio da perseguição permanente dos pobres nos espaços públicos (ruas, parques, estações ferroviárias, ônibus e metrô etc.). Usam para isso três meios: aumento em 10 vezes no número dos efetivos e dos equipamentos das brigadas, restituição das responsabilidades operacionais aos comissários de bairro com obrigação quantitativa de resultados, e um sistema de radar informatizado (com arquivo central sinalético e cartográfico consultável em microcomputadores a bordo dos carros de patrulha) que permite a redistribuição contínua e a intervenção quase instantânea das forças da ordem, desembocando em uma aplicação inflexível da lei sobre delitos menores tais como a embriaguez, a jogatina, a mendicância, os atentados aos costumes, simples ameaças e "outros comportamentos antissociais associados aos sem-teto", segundo a terminologia de Kelling.

"Em Nova York, sabemos onde está o inimigo", declarava Bratton por ocasião de uma conferência na Heritage Foundation, outro grande *think tank* neoconservador aliado ao Manhattan Institute na campanha de penalização da pobreza: os "*squeegee men*", esses sem-teto que acossam os motoristas nos sinais de trânsito para lhes propor lavar seu para-brisa em troca de uns trocados (o novo prefeito Rudolph Giuliani fez deles o símbolo amaldiçoado da decadência social e moral da cidade, e a imprensa popular os assimila abertamente à epidemia: "*squeegee pests*"), "os pequenos passadores de droga, as prostitutas, os mendigos, os vagabundos e os pichadores".[17] Em suma, o subproletariado que suja e ameaça. É nele que se centra prioritariamente a política de "tolerância zero" visando restabelecer a "qualidade de vida" dos nova-iorquinos que, ao contrário, sabem se comportar em público.

Para lutar passo a passo contra todos os pequenos distúrbios cotidianos que eles provocam na rua — tráfico, jogo, ameaças, sujeira, embriaguez, vagabundagem —, a polícia de Nova York utiliza um sistema estatístico informatizado (COMPSTAT, abreviação de *computer statistics*) que permite a cada comissário e a cada patrulha distribuir suas atividades em função de uma informação precisa, constantemente atualizada, e geograficamente localizada, sobre os incidentes e as queixas em seu setor. Semanalmente, os comissários de bairro se reúnem no QG da polícia nova-iorquina para uma sessão ritual de avaliação coletiva dos resultados de seu setor, causando vergonha àqueles que não exibem a queda imediata dos índices de criminalidade.

Mas a verdadeira inovação de William Bratton não se deve à estratégia policial que escolheu, no caso uma variante da "polícia intensiva", que tem como alvo grupos em vez de delinquentes isolados, multiplica as armas e dispositivos especializados e se apoia no uso sistemático da informática em tempo real, em oposição à "polícia comunitária" e à "polícia para solução do problema".[18] Ela consiste primeiramente em atropelar e subverter a burocracia esclerosada e covarde da qual herda, por meio de sua aplicação, "teorias" da administração sobre a "*re-engineering*" da empresa (associadas aos nomes de Michael Hammer e James Champy) e da "gestão por objetivo" ao estilo de Peter Drucker. De saída, Bratton "achata" o organograma policial e despede em massa seus funcionários de alto nível: três quartos dos comissários de bairro são dispensados, de modo que sua idade média desce de 60 e poucos anos para 40. Transforma os comissariados em "centros de lucro", o "lucro" em questão sendo a redução estatística do crime registrado. E cria todos os critérios de avaliação dos serviços em função dessa única medida. Em suma, dirige a administração policial como um industrial o faria com uma firma cujos acionistas julgassem ter um mau desempenho. "Estou pronto a comparar meu *staff* administrativo com qualquer empresa da lista *Fortune 500*", declara com orgulho o novo "executivo-chefe do NYPD", que examina religiosamente a evolução das estatísticas criminais: "Conseguem imaginar um banqueiro que não verificasse suas contas todos os dias?"[19]

O segundo trunfo de Bratton é a extraordinária expansão dos recursos que Nova York destina à manutenção da ordem, uma vez que em cinco anos a cidade aumentou seu orçamento para a polícia em 40% para atingir 2,6 bilhões de dólares (ou seja, quatro vezes mais do que as verbas dos hospitais públicos, por exemplo), ostentando um verdadeiro exército de 12.000 policiais para um efetivo total de mais de 46.000 empregados em 1999, dos quais 38.600 são agentes uniformizados. Comparativamente, nesse período, os serviços sociais da cidade veem suas verbas cortadas em um terço, perdendo 8.000 postos de trabalho para acabar com apenas 13.400 funcionários.[20]

Abraçando a doutrina da "tolerância zero", Bratton vira as costas à "polícia comunitária" (derivado americano da "polícia de proximidade"* britânica), à qual devera seu sucesso como chefe de polícia de Boston. A conversão nada comprova, se compararmos os resultados de Nova York aos de San Diego, outra grande cidade que aplica a *community policing*:[21] entre 1993 e 1996, a metrópole californiana exibe uma queda da criminalidade *idêntica* à de Nova York, mas ao preço de um aumento do efetivo policial de apenas 6%. O número de detenções efetuadas pelas forças da ordem diminui em 15% em três anos em San Diego, ao passo que aumenta em 24% em Nova York, atingindo a cifra astronômica de 314.292 pessoas presas em 1996 (o efetivo dos interpelados por infrações menores à legislação sobre drogas duplica, para superar 54.000, ou seja, mais de mil pessoas por semana). Enfim, o volume das queixas

---

* "Polícia de proximidade": polícia "a pé", presente e visível no bairro e integrada à população. (N.T.)

contra a polícia diminui em 10% na costa do Pacífico, ao passo que cresce em 60% na cidade de Giuliani.

É a esta nova política que as autoridades da cidade, além da mídia nacional e internacional (acompanhada por certos pesquisadores europeus cuja principal fonte de dados sobre a cidade americana é a leitura assídua, em Paris, Londres ou Estocolmo, do *International Herald Tribune*), atribuem precipitadamente a queda da criminalidade em Nova York nesses últimos anos. E o fazem mesmo com a dita queda tendo precedido em três anos a implementação dessa tática policial e sendo observada também em cidades que não a aplicam, como Boston, Chicago ou San Diego.[22] Entre os "conferencistas" convidados em 1998 pelo Manhattan Institute para seu prestigioso *luncheon forum*, ao qual assiste a nata da política, do jornalismo e das fundações de filantropia e de pesquisa da costa Leste, encontra-se William Bratton, agora "consultor internacional" em polícia urbana, que mercantilizou a glória de haver "detido a epidemia do crime" em Nova York (e o despeito de ter sido demitido por Rudolph Giuliani por lhe haver feito demasiada sombra) em uma pseudobiografia por meio da qual prega aos quatro cantos do planeta o novo *gospel* da "tolerância zero".[23] A começar pela Inglaterra, terra de acolhida e pouso de aclimatação dessas políticas com vistas à conquista da Europa.

> "O que a redução do crime [em Nova York] efetivamente conseguiu foi que a filosofia elaborada durante anos pelo Manhattan Institute e a Heritage Foundation fosse doravante aplicada com grande sucesso em cidades de uma ponta a outra do país."
>
> Rudolph Giuliani, discurso pronunciado por ocasião da "Conferência sobre as cidades habitáveis", sob o patrocínio da Heritage Foundation, do Manhattan Institute e da State Policy Network, abril de 1999, publicado sob o título "Making America's cities great places to live", *Civic Bulletin* (órgão do Manhattan Institute), 17, abr 1999, p.2.

A globalização da "tolerância zero"

De Nova York, a doutrina da "tolerância zero", instrumento de legitimação da gestão policial e judiciária da pobreza que incomoda — a que se vê, a que causa incidentes e desordens no espaço público, alimentando, por conseguinte, uma difusa sensação de insegurança, ou simplesmente de incômodo tenaz e de inconveniência —, propagou-se através do globo a uma velocidade alucinante. E com ela a retórica militar da "guerra" ao crime e da "reconquista" do espaço público, que assimila os delinquentes (reais ou imaginários), sem-teto, mendigos e outros marginais a *invasores estrangeiros* — o que facilita o amálgama com a imigração, sempre rendoso eleitoralmente.

Aureolado pelo lustro do "êxito" de Nova York (exageradamente apresentada como a metrópole-líder da criminalidade subitamente transformada em exemplo das "cidades seguras" nos Estados Unidos, ao passo que estatisticamente jamais foi nem uma nem outra),[24] esse tema proporciona aos políticos de cada um dos países importadores a oportunidade de dar ares de "modernidade" à paradoxal pirueta retórica que lhes permite reafirmar com pouco prejuízo a determinação do Estado em punir os "distúrbios" e, ao mesmo tempo, isentar esse mesmo Estado de suas responsabilidades na gênese *social e econômica* da insegurança para chamar à responsabilidade *individual* os habitantes das zonas "incivilizadas", a quem incumbiria doravante exercer por si mesmos um controle social próximo, como exprime essa declaração, similar a tantas outras, de Henry McLeish, ministro do Interior escocês (e neotrabalhista), publicada sob o título "A tolerância zero vai limpar nossas ruas":

> Peço aos escoceses que andem de cabeça erguida. Estamos em guerra e será necessário travar uma batalha depois da outra. As pessoas devem reconquistar a rua. Somos tolerantes demais a respeito dos serviços públicos e dos comportamentos de segunda classe em nossas comunidades. O vandalismo insensato, as pichações e a sujeira desfiguram nossas cidades. A mensagem

é que agora este tipo de comportamento não será mais tolerado. As pessoas têm o direito de ter um lar decente e de viver em uma comunidade decente. Mas são muitas as pessoas que não cumprem mais com suas responsabilidades.[25]

A experiência de Giuliani conquista êmulos apressados em todos os continentes. Em agosto de 1998, o presidente do México lança uma "Cruzada nacional contra o crime", através de um pacote de medidas apresentadas como "as mais ambiciosas da história do país", visando "imitar os programas como a 'tolerância zero' em New York City". Em setembro de 1998, é a vez do secretário da Justiça e da Segurança de Buenos Aires, León Arslanian, assinalar que essa província da Argentina aplicará, ela também, "a doutrina elaborada por Giuliani". Revela, na esteira de sua declaração, que um complexo de hangares industriais abandonados na periferia da cidade será convertido em "*galpones penitenciarios*" (centros de detenção) para criar os locais de prisão exigidos. Em janeiro de 1999, depois da visita de dois altos funcionários da polícia de Nova York, o novo governador de Brasília, Joaquim Roriz, anuncia a aplicação da "tolerância zero" mediante a contratação imediata de 800 policiais civis e militares suplementares, em resposta a uma onda de crimes de sangue do tipo que a capital brasileira conhece periodicamente. Aos críticos dessa política que argumentam que isso vai se traduzir por um súbito aumento da população encarcerada, embora o sistema penitenciário já esteja à beira da explosão, o governador retruca que bastará então construir novas prisões.

Do outro lado do Atlântico, no início de dezembro de 1988, enquanto o governo Jospin estava em vias de anunciar com alarde a ação repressiva que preparava havia meses, a americanóloga Sophie Body-Gendrot — comentarista autorizada das questões de "violência urbana" e coautora de um relatório sobre o tema, apresentado alguns meses antes ao ministro do Interior, que retoma e amplia todos os clichês jornalísticos sobre a questão — preparou o terreno recomendando na France-Inter, por ocasião do programa

Le téléphone sonne, a implantanção de uma "tolerância zero francesa" — sem que ninguém pudesse dizer em que residiria tal caráter francês. No mês seguinte, na outra margem do Reno, a União Democrata-Cristã (CDU) lança maciça campanha sobre o tema da *"Null Toleranz"* na região de Frankfurt, ao mesmo tempo assinando uma petição contra a dupla nacionalidade, a fim de não se arriscar a ser superada por Gerhard Schröder e suas declarações abertamente xenófobas sobre o crime e a imigração.[26] Desde a turnê triunfal de William Bratton no outono precedente — o ex-chefe da polícia nova-iorquina foi recebido pelos mais altos dignitários da cidade como um messias —, a doutrina nova-iorquina é louvada como a panaceia universal, e de aplicação simples, para todos os males da sociedade: criminalidade, "parasitismo social" e... reivindicação da nacionalidade alemã por parte dos residentes estrangeiros (principalmente turcos), rapidamente assimilada à presença indesejável de imigrantes delinquentes (*"Null Toleranz für straffälige Ausländer"*).

Na Itália, a *"moda repressive"* da grife Giuliani, como a chamam os observadores transalpinos, faz furor desde 1997. O tratamento policial da miséria de rua fascina um leque de eleitos, de direita como de esquerda, seja em sua forma original, seja na retradução edulcorada e "europeizada" que dela fazem Tony Blair e Jack Straw na Inglaterra. Assim, quando, no início de 1999, uma série de assassinatos no coração de Milão dá novo impulso ao pânico midiático em torno da "criminalidade dos imigrantes", o prefeito da capital lombarda e seu primeiro assessor param tudo e correm para Nova York, ao passo que o governo de Massimo D'Alema adota uma série de medidas repressivas inspiradas na legislação britânica recente (criminalização de delitos, maior poder para a polícia, destituição do diretor da administração penitenciária, conhecido por suas posições favoráveis aos direitos dos detentos e às políticas de reinserção). Já o prefeito de Nápoles, Antonio Bassolino, faz a sua própria *"tolleranza zero"*, aplicando-a não apenas à pequena e média delinquência, mas também aos motoristas imprudentes na via pública. Como em Nova York, onde, desde o inverno de 1998, dirigir embriagado implica pena de confisco imediato e automático do veículo pelas forças da ordem no momento do flagrante.

Em fevereiro de 1999, a cidade de Cape Town lança uma vasta operação de "tolerância zero" visando conter uma onda de violência de caráter prototerrorista pretensamente desencadeada por grupos islamistas radicais contrários à corrupção governamental. (Em agosto de 1996, William Bratton esteve em Johannesburgo para uma "consulta" com o chefe da polícia local, George Fivaz, quando de uma visita generosamente coberta pelas mídias locais e americanas, mas que não fora bem-sucedida.) A cópia sul-africana torna pálido o original nova-iorquino: barreiras e controles policiais entre bairros, incursões de tropas de choque armadas até os dentes nas zonas pobres como Cape Flats e onipresença das forças da ordem nas ruas em torno de Water Front, o rico e turístico enclave do centro da cidade. Em março, na outra extremidade do globo, o ministro da Polícia da Nova Zelândia volta de uma missão oficial em Nova York para declarar com orgulho a seus concidadãos que a polícia de seu país, somando tudo, nada tem a invejar daquela da "Grande Maçã", pois "a Nova Zelândia jamais teve uma polícia corrupta" e "aplica a tolerância zero desde sua origem". Sua proposta de importar dos Estados Unidos "a responsabilização descentralizada" e a fixação de objetivos quantitativos para os chefes de brigada, assim como a reorganização das forças policiais nas zonas de alta criminalidade, recebe a aprovação dos principais líderes políticos.

Enquanto isso, o chefe da polícia de Cleveland, pioneiro da "tolerância zero" na Inglaterra, fala na Áustria, diante da Polizeiführungsakademie (a Escola Nacional de Polícia), para louvar os méritos dessa importação americana em nome do ministro do Interior britânico Jack Straw. Na semana seguinte, um simpósio nacional sobre essa mesma política foi realizado em Camberra sob a égide do Australian Criminological Institute. Em junho de 1999, depois que William Bratton foi pessoalmente catequizar a Comissão sobre o Crime de Ontário, foi a vez de o prefeito de Toronto, Mel Lastman, anunciar com espalhafato a implantação próxima do "maior *crackdown* contra o crime jamais visto pela cidade", sob pretexto de que a trajetória criminal da metrópole canadense seguiria a de Nova York, embora com duas décadas de atraso, e de que, afinal, ter uma polícia eficaz em uma grande cidade decorre, sempre e em toda parte, dos mesmos princípios, como o ensinam os "*international crime consultants*" oriundos da polícia nova-iorquina, que esquadrinham o planeta ou pontificam por ocasião de seminários de formação policial oferecidos a seus colegas americanos ou estrangeiros em Manhattan. Poderíamos facilmente multiplicar os exemplos de países onde as receitas da dupla Bratton-Giuliani estão em vias de exame, de programação ou de aplicação.

> Do domínio policial e penal, a noção de "tolerância zero" se espalhou segundo um processo de metástase para designar pouco a pouco e indistintamente a aplicação estrita da disciplina parental no seio das famílias: expulsão automática dos estudantes que tenham levado arma para a escola, suspensão dos esportistas profissionais culpados por violências fora dos estádios, controle minucioso do contrabando de drogas nas prisões, mas também o rechaço sem trégua dos estereótipos racistas, a sanção severa dos comportamentos incivilizados dos passageiros de avião e a intransigência em relação a crianças que não estão usando seu cinto de segurança no banco traseiro dos carros, do estacionamento em fila dupla ao longo das avenidas de comércio e da sujeira nos parques e jardins públicos. Estendeu-se até às relações internacionais: assim, Ehud Barak exigia recentemente de Yasser Arafat que mostrasse a eficácia da "tolerância zero" contra o terrorismo, enquanto as tropas britânicas da força de intervenção da ONU no Kosovo dizem aplicar a "tolerância zero" a qualquer desordem nas ruas de Pristina.

O paradoxo quer que essa tática de acossamento policial se espalhe de uma extremidade à outra do planeta no exato momento em que é seriamente questionada em Nova York, depois do assassinato, em janeiro de 1999, de Amadou Diallo, um jovem imigrante da Guiné de 22 anos abatido por 41 balas de revólver (das quais 19 acertaram o alvo) por quatro policiais membros da "Unidade de Luta contra os Crimes de Rua" que perseguiam um suposto estuprador, ao passo que ele estava tranquilo, sozinho, na portaria de seu prédio. Esse assassinato policial, que aconteceu depois do "caso Abner Louima", um imigrante haitiano vítima de tortura sexual em um posto policial de Manhattan no ano precedente, desencadeou a mais ampla campanha de desobediência civil que os Estados Unidos conheceram depois de anos. Ao longo de dois meses, manifestações cotidianas foram realizadas em frente ao escritório da direção da polícia municipal, quando 1.200 manifestantes pacíficos — entre eles uma centena de políticos afro-americanos locais e nacionais, entre os quais o antigo prefeito de Nova York David Dinkins, presidente da National Association for the Advancement of Colored People (NAACP), e policiais negros aposentados — foram presos, algemados e acusados de "distúrbios à ordem pública".

Depois desses acontecimentos, as práticas agressivas dessa tropa de choque de 380 homens (quase todos brancos), que constitui a ponta de lança da política de "tolerância zero", são objeto de diversos inquéritos administrativos e dois processos por parte dos procuradores federais sob suspeita de proceder a prisões "pelo aspecto" (*racial profiling*) e de zombar sistematicamente dos direitos constitucionais de seus alvos.[27] Segundo a National Urban League, em dois anos essa brigada, que roda em carros comuns e opera à paisana, deteve e revistou na rua 45.000 pessoas sob mera suspeita baseada no vestuário, aparência, comportamento e — acima de qualquer outro indício — a cor da pele. Mais de 37.000 dessas detenções se revelaram gratuitas, e as acusações sobre metade das 8.000 restantes foram consideradas nulas e inválidas pelos tribunais, deixando um resíduo de apenas 4.000 detenções justificadas: uma em onze. Uma investigação levada a cabo pelo jornal *New York Daily News* sugere que perto de 80% dos jovens homens negros e latinos da cidade foram detidos e revistados pelo menos uma vez pelas forças da ordem.[28]

De fato, os incidentes com a polícia se multiplicaram desde a implantação da política de "qualidade de vida", uma vez que o número de queixas feitas diante do Civilian Complaint Review Board de Nova York aumentou bruscamente em 60% entre 1992 e 1994. A grande maioria dessas queixas diz respeito a "incidentes por ocasião de patrulhas de rotina" — em oposição às operações de polícia judiciária —, cujas vítimas são residentes negros e latinos em três quartos dos casos. Só os afro-americanos realizaram 53% das queixas, ao passo que representam apenas 20% da população da cidade. E 80% dos requerimentos contra violências e abusos por parte dos policiais foram registrados em apenas 21 dos 76 distritos entre os mais pobres da cidade.[29]

Até o principal sindicato dos policiais de Nova York recentemente se afastou da campanha de "qualidade de vida", que seus membros foram encarregados de aplicar depois do processo de acusação por homicídio dos membros da brigada de polícia responsável pela morte de Diallo. Depois que a Patrolmen's Benevolent Association se pronunciou unanimemente, pela primeira vez em 105 anos de existência, por retirar seu voto de confiança no chefe da polícia Howard Safir e pedir publicamente sua suspensão, o presidente do sindicato convidava seus 27.000 membros para uma operação-padrão, recomendando-lhes usar o máximo de reservas possível antes de notificar uma detenção por motivo banal, como atravessar a rua fora da faixa, sair com seu cachorro sem coleira ou andar de bicicleta sem buzina, como exige a política policialesca da cidade. "Agora que a criminalidade caiu fortemente, um ajuste de estratégia se faz necessário. Se não restabelecermos o equilíbrio, isso se tornará um modelo para um Estado policialesco e para a tirania."[30] Os próprios policiais de Nova York se mostraram bem menos entusiastas em relação à "tolerância zero" que seus partidários estrangeiros.

É que uma das consequências mais importantes da "tolerância zero", tal como é praticada no cotidiano — em vez da teorizada pelos "pensadores" dos *think tanks* e por seus discípulos nos domínios universitário e político —, é ter cavado um fosso de desconfiança (e, para os mais jovens, de desafio) entre a comunidade afro-americana e as forças da ordem, o que lembra as relações que mantinham na era segregacionista. Uma pesquisa recente revela que *a esmagadora maioria dos negros da cidade de Nova York considera a polícia uma força hostil e violenta que representa para eles um perigo*: 72% julgam que os policiais fazem uso abusivo da força e 66% que suas brutalidades para com pessoas de cor são comuns e habituais (contra apenas 33% e 24% dos brancos). Dois terços pensam que a política de Giuliani agravou essas brutalidades policiais e apenas um terço diz ter a sensação de se sentir mais seguro atualmente na cidade, mesmo assim morando nos bairros onde a queda da violência criminal é estatisticamente mais nítida. Já os nova-iorquinos brancos são respectivamente 50% e 87% a declarar o contrário: elogiam a prefeitura por sua intolerância com respeito ao crime e sentem-se unanimemente menos ameaçados em sua cidade.[31] A "tolerância zero" apresenta portanto duas fisionomias diametralmente opostas, segundo se é o alvo (negro) ou o beneficiário (branco), isto é, de acordo com o lado onde se encontra essa barreira de casta que a ascensão do Estado penal americano tem como efeito — ou função — restabelecer e radicalizar.

Outra consequência da política de "qualidade de vida" empreendida pela polícia nova-iorquina, ela também muito pouco discutida por seus aficionados, é a sobrecarga inaudita dos tribunais por ela provocada. Enquanto a criminalidade cai continuamente desde 1992, o número de pessoas detidas e julgadas não para de aumentar. Em 1998, os 77 juízes da corte criminal de Nova York, que exercem jurisdição sobre os delitos e infrações menores (simples *misdeamenors* passíveis de menos de um ano de prisão), examinaram 275.379 casos, ou seja, mais de 3.500 cada um, o dobro do número de casos examinados em 1993 com praticamente os mesmos meios. Para os acusados que desejam prosseguir até o processo, o prazo médio de espera é de 284 dias (contra 208 em 1991), inclusive para casos tão banais quanto um simples roubo em uma loja ou a emissão de um cheque sem fundos.

É comum que, por ocasião de uma audiência, um juiz aprecie até mil casos na jornada sem que nenhum seja solucionado: ou sua apreciação é adiada pelo fato de nenhum juiz se encontrar disponível para fixar a data do processo, ou o advogado de plantão não conseguir chegar a tempo (cada *public defender* cuida em média de mais de 100 casos ao mesmo tempo), ou enfim os acusados, cansados de brigar, se resignarem a se reconhecer culpados e a pedir uma dispensa do processo em troca de uma redução de pena. Alguns acusados, ao contrário, jogam com prazos e adiamentos repetidamente a fim de obter a eventual anulação das acusações que pesam contra eles. Foi assim que o número de processos perante o tribunal criminal de Nova York caiu de 967 em 1993 para 758 em 1998 (ou seja, um processo para cada 364 casos) e que o volume dos casos concluídos por anulação em razão de prazos excessivos com respeito à lei dobrou, passando de 6.700 em 1993 para 12.000 em 1998. Até o porta-voz de Rudolph Giuliani para a política penal reconhece que milhares de delinquentes escapam a cada ano de qualquer punição em razão da escassez de juízes e que, por conseguinte, o "impacto do trabalho da polícia visando diminuir o crime é virtualmente perdido".[32]

A sobrecarga dos tribunais só encontra similar na das casas de detenção, uma vez que o fluxo dos ingressos nas prisões da cidade passou de 106.900 em 1993 para 133.300 em 1997, ao passo que 10 anos antes mal superava 85.000 (número já superior ao volume de detenções em toda a França). Mas, sobretudo, confirma-se que um número considerável e incessantemente crescente de detenções e prisões se efetivou sem motivo judiciário: assim, sobre 345.130 detenções operadas em 1998 — número que, fato inédito, é superior ao total de crimes e delitos oficialmente registrados pelas autoridades naquele ano, ou seja, 326.130 —, 18.000 foram anuladas pelo procurador antes mesmo que as pessoas presas passassem diante de um juiz, e 140.000 outras foram declaradas sem motivo pela corte. A taxa de "descarga" cresceu sem cessar em 60% desde 1993, a ponto de o próprio William Bratton ter publicamente criticado a proliferação das detenções abusivas e inúteis.[33] E, como era previsto, a maioria dos processos em que os tribunais proferem uma *dismissal* (liberação) provêm dos bairros pobres segregados, derivando de supostas infrações à legislação sobre as drogas (cerca de 40% no distrito de Manhattan), o que mostra que servem de biombo para verdadeiras *razzias* policiais nas zonas abandonadas, cujo objetivo é bem mais político-midiático do que judicial.

Para os membros das classes populares reprimidas à margem do mercado de trabalho e abandonadas pelo Estado assistencial, que são o principal alvo da "tolerância zero", o desequilíbrio grosseiro entre o ativismo policial e a profusão de meios que lhe é consagrada, por um lado, e a sobrecarga dos tribunais e a progressiva escassez de recursos que os paralisa, por outro, tem todas as aparências de uma *recusa de justiça organizada*.[34]

Londres, sucursal e pouso de aclimatação

Do lado britânico, o Adam Smith Institute, o Centre for Policy Studies e o Institute of Economic Affairs (IEA) trabalharam combinados pela propagação das concepções neoliberais em matéria econômica e social,[35] mas também pela das teses punitivas elaboradas nos Estados Unidos e introduzidas sob John Major antes de serem retomadas e ampliadas por Tony Blair. Por exemplo, no final de 1989, o IEA (criado, como o Manhattan Institute, por Anthony Fischer, sob o alto patrocínio intelectual de Friedrich von Hayek) orquestrava, por iniciativa de Rudolph Murdoch e com grande alarde, uma série de encontros e publicações em torno do "pensamento" de Charles Murray. Este último conclamava então os britânicos a se preparar para comprimir severamente seu Estado-providência — já que não o poderiam suprimir — a fim de estancar o surgimento, na Inglaterra, de uma pretensa "*underclass*" de pobres alienados, dissolutos e perigosos, prima daquela que "devasta" as cidades da América em decorrência das pródigas medidas sociais implantadas por ocasião da "guerra à pobreza" dos anos 1960.[36]

Essa intervenção, que foi seguida por uma explosão de artigos da imprensa, na maior parte bastante elogiosos (no *Times*, *Independent*, *Financial Times*, *Guardian* etc.), acarretou a publicação de um livro coletivo no qual se pode ler, ao lado das ruminações de Murray sobre a necessidade de impor "a força civilizadora do matrimônio" sobre os "jovens [que] são essencialmente bárbaros" e sobre suas companheiras prontas a engravidar — pois, para elas, "é divertido ter relações sexuais e valorizador fazer um filho" —,[37] um capítulo assinado por Frank Field, no qual o responsável pelo setor do *welfare* no seio do Partido Trabalhista e futuro ministro dos Assuntos Sociais de Tony Blair preconiza medidas punitivas visando impedir as jovens mães de ter filhos e pressionar os "pais ausentes" a assumir os encargos financeiros de sua progenitura ilegítima.[38] Vê-se assim desenhar-se um franco consenso entre a direita americana mais reacionária e a autoproclamada vanguarda da "nova esquerda" europeia em torno da ideia segundo a qual os "maus pobres" devem ser capturados pela mão (de ferro) do Estado; e seus comportamentos, corrigidos pela reprovação pública e pela intensificação das coerções administrativas e das sanções penais.

"Arquivar o Estado-providência para salvar a sociedade" da "Nova Ralé"

Mais de mil pessoas vieram ao fórum organizado pelo Sunday Times *e pelo Institute of Economic Affairs em Londres na semana passada para escutar Charles Murray. Este conseguiu dar voz ao medo visceral das mães solteiras e dos gastos crescentes do Estado-providência. As polêmicas de Murray — noticiadas na imprensa britânica pela primeira vez em 1989 — prepararam terreno para investidas contra as famílias monoparentais que se tornaram um dos temas fortes da doutrina dos Tories.*

É a Rupert Murdoch que devemos agradecer. Foi ele quem convidou [Murray] para dar uma conferência por ocasião de um dos encontros anuais dos diretores de seus jornais em Aspen, no Colorado. Murray foi observado por Irwin Stelzer, um conselheiro de Murdoch, que o instou a ir à Inglaterra e ali tentar aplicar suas teorias. O resultado:

a importação em bloco do libertarismo americano clássico. Murray é para a política do "Retorno aos fundamentos" de Major o que Milton Friedman era para Margaret Thatcher em seus primórdios.

Em um artigo brutalmente intitulado "Impedir os pobres de viver nas nossas costas", Madeleine Bunting, repórter do *Guardian*, faz um retrato lisonjeiro de Charles Murray, "o guru americano que inspirou o programa Back to Basics" de John Major nos últimos anos do governo tory e para quem "o Estado-providência deve ser arquivado a fim de salvar a sociedade da *underclass*", que já semeia a ruína social e a desolação moral nas cidades inglesas depois de ter devastado os bairros segregados das metrópoles americanas.[a]

Murray "*exprime o inexprimível com a segurança de um homem que acha que sua hora chegou*". E por todos os motivos: a revolução conservadora, da qual foi proclamado o "teórico" pelos formadores de opinião e pelos jornalistas informados (*US News & World Report* o lista entre os "32 homens e mulheres que dominam a política americana" em 1993, e o *Times of London* faz reverentemente referência ao "Dr. Charles Murray" como a um grande erudito no artigo que registra a publicação do opúsculo do Institute of Economic Affairs sobre a surda mas pesada ameaça que a "*underclass*" imporia à sociedade britânica; e, sem temer o ridículo, o diretor do IEA coloca Murray na augusta linhagem de Adam Smith e de Friedrich von Hayek),[b] triunfa sem nem mesmo ter que lutar nos Estados Unidos e no Reino Unido, onde os partidos que supostamente representam as forças progressistas, democratas e neotrabalhistas correm para adotar, por baixo dos panos, os dogmas e administrar as posições antiestatizantes promovidas pelo Bradley Fellow do Manhattan Institute. O presidente Clinton não "*reconheceu publicamente que a análise de Murray*", segundo a qual as uniões ilegítimas e as famílias monoparentais seriam a causa da pobreza e do crime, "*é essencialmente correta*", mesmo não partilhando totalmente a solução preconizada por Murray? — qual seja, suprimir do dia para a noite todas as ajudas às mães solteiras, utilizando o dinheiro assim economizado para as crianças serem adotadas ou colocadas em grandes orfanatos estatais. Murray clama igualmente pela restauração do saudável estigma que outrora atingia as mulheres que concebiam filhos fora do casamento, pois "o bem da sociedade exige que as mulheres se cuidem para não caírem grávidas se não possuem marido": "Tudo isso é horrivelmente sexista, eu sei. Mas acontece que é verdade."[c]

Murray admite sem pudor que não conhece a sociedade britânica senão por rápidas visitas de "voyeurismo sociológico" em companhia de funcionários a alguns "bairros problemáticos" do país. O que isso acarreta: suas "análises" resultam menos do diagnóstico (que exigiria um mínimo de trabalho científico) do que do prognóstico de um desastre iminente que apenas cortes draconianos nos orçamentos sociais são capazes de prevenir — assim como na França alguns argumentam que somente se a polícia retomar as rédeas dos bairros antes operários será possível evitar "uma deriva das classes médias" para a extrema-direita. Murray explica: "*O debate de política social [na Inglaterra] está atrasado em relação aos Estados Unidos cerca de sete a 10 anos. Encontro aqui debates iguais aos de que eu participava em 1986 nos Estados Unidos. Com uma sensação fortíssima de 'déjà vu'. Mas em termos do que me preocupa, a Grã-Bretanha está agora bem à frente. O potencial para um distúrbio realmente explosivo, porém, é bastante grande. A taxa de famílias monoparentais aumenta rapidamente; à medida que os orçamentos das ajudas crescem, isso provoca a hostilidade dos que pagam os impostos. ... As classes médias vão ficar furiosas.*"

    a. "Get the poor off our over-taxed backs", *The Guardian*, 17 set 1994, p.29; as passagens em grifo neste box foram extraídas desse artigo.
    b. "Britain's poor: a growing threat to society", *The Times of London*, 14 mai 1990.
    c. Ruth Lister (org.), *Charles Murray and the Underclass: The Developping Debate*, Londres, Institute of Economic Affairs, 1996, p.127.

Quando Murray volta à carga em 1994, por ocasião de uma temporada em Londres generosamente coberta pela imprensa (o *Times* publica regularmente suas cartas e pontos de vista), a noção de *"underclass"* entrou no jargão político assim como nas ciências sociais — sob o impulso de institutos de pesquisa preocupados em demonstrar sua utilidade aderindo aos temas político-midiáticos do momento —, e ele não tem dificuldade alguma em convencer seus ouvintes de que suas sombrias previsões de 1989 se realizaram todas: a "ilegitimidade", a "dependência" e a criminalidade combinadas aumentaram entre os novos pobres de Albion e, em conjunto, ameaçam de morte súbita a civilização ocidental.[39] (Alguns dias depois que Murray lançou seu alerta na imprensa, o ministro do Orçamento do governo Major, Kenneth Clarke, lhe fez eco, afirmando em um grande discurso que a redução dos gastos sociais efetuados pelo governo Major visa "impedir a emergência de uma *underclass* excluída da possibilidade de trabalhar e dependente da ajuda social".) De maneira que, em 1995, é a vez de seu companheiro de luta ideológica, Lawrence Mead, politólogo neoconservador da New York University, vir explicar aos ingleses durante um colóquio no IAE que, se o Estado deve evitar ajudar materialmente os pobres, deve todavia sustentá-los moralmente obrigando-os a trabalhar; eis o tema, canonizado desde então por Tony Blair, das "obrigações da cidadania", que justifica a mutação do *welfare* em *workfare* e a instituição do trabalho assalariado forçado em condições que ferem o direito social e o direito trabalhista para as pessoas "dependentes" das ajudas do Estado — em 1996 nos Estados Unidos e três anos mais tarde no Reino Unido.[40]

A missão do "Estado paternalista": impor o trabalho assalariado de miséria

Grande inspirador americano da política britânica de reforma das ajudas sociais, Lawrence Mead é o autor do livro *Beyond Entitlement: The Social Obligations of Citizenship,* publicado em 1986, cuja tese central afirma que o Estado-providência americano dos anos 1970-80 fracassou em reabsorver a pobreza não porque seus programas de ajuda eram muito generosos (como sustenta Murray), mas porque eram "permissivos" e não impunham obrigação estrita de comportamento a seus beneficiários. Pois, em nossos dias, à diferença de então, "o desemprego deve-se menos às condições econômicas do que aos problemas de funcionamento pessoal dos desempregados", de modo que "o emprego, ao menos no que diz respeito a empregos 'sujos' e mal pagos, não pode mais ser deixado à boa vontade e à iniciativa dos que trabalham": ele deve ser tornado obrigatório, "a exemplo do serviço militar, que tem permissão para recrutar no exército". O Estado, portanto, não deve tornar o comportamento desejado mais atraente — por exemplo, subindo o nível do salário mínimo, em queda livre desde 1967, ou melhorando a cobertura social — e sim punir os que não o adotam: "O não trabalho é um ato político" que demonstra "a necessidade do recurso à autoridade."[41]

Colocando em pratos limpos, o trabalho assalariado de miséria deve ser elevado ao nível de um dever cívico (sobretudo reduzindo a possibilidade de subsistir fora do mercado de trabalho desqualificado), sem o que não encontrará quem o aceite. Mead tem o mérito de ver e fazer ver que a generalização do trabalho precário — que alguns apresentam como uma "necessidade econômica", decerto lamentável em alguns aspectos, mas ideologicamente neutra e, em todo caso, materialmente inelutável — repousa na verdade sobre o uso direto da coação política e participa de um projeto de classe. Esse projeto requer não a destruição do Estado como tal, para substituí-lo por uma espécie de Éden liberal do mercado universal, mas a *substituição de um Estado-providência "materialista" por um Estado punitivo "paternalista"*, único capaz de impor o trabalho assalariado dessocializado como norma societal e base da nova ordem polarizada de classes.

Em *The New Politics of Poverty: The Nonworking Poor in America*, publicado seis anos mais tarde, Mead argumenta que a questão social que domina as sociedades avançadas — tanto na América como na Europa (embora com atraso) — não é mais "a igualdade econômica", noção obsoleta, mas a "dependência dos pobres" incapazes de trabalhar por incompetência social e imperícia moral: "Precisamos de uma nova linguagem política que faça da competência o objeto e não o postulado do debate. Precisamos saber como e por que os pobres são merecedores, ou não, e que tipos de pressão podem influenciar sobre seu comportamento." Segue daí que uma "nova política do comportamento individual", desvencilhada dos resíduos do "sociologismo" que até aqui viciou toda abordagem do problema, supondo exageradamente que a miséria tinha causas sociais, suplanta "a reforma social".[42]

Daí enfim a necessidade de um Estado forte, tutor moral inflexível, único capaz de vencer a "passividade" dos pobres mediante a disciplina do trabalho e a remodelagem autoritária de seu "estilo de vida" disfuncional e dissoluto, que Mead "teoriza" em uma obra coletiva de título estridente, *The New Paternalism*: "A política tradicional de luta contra a pobreza adota uma abordagem 'compensatória': ela busca remediar os déficits de rendimentos e de qualificações de que sofrem os pobres em virtude das desvantagens de seu meio social. ... Em contraste, os programas paternalistas insistem nas obrigações. A ideia central disso é que os pobres decerto precisam de apoio, mas exigem sobretudo uma estrutura. E compete ao Estado fazer respeitar as regras de comportamento. Esse aspecto de 'manutenção da ordem' da política social serve à liberdade da maioria, mas pretende também servir à liberdade dos pobres."[43] Falando claramente, as frações deserdadas da classe trabalhadora, ainda que não queiram, são as grandes beneficiárias esperadas da transição histórica do Estado-providência para o Estado-penitência.

Ao fornecer aos pobres o "contexto diretivo" que lhes deve permitir (finalmente) "viver de maneira construtiva", e assim reduzir a carga que impõem ao resto da sociedade, os programas paternalistas têm como alvo — o que não constitui surpresa nem acaso — duas populações que, em larga medida, se superpõem e completam: os beneficiários de ajudas sociais aos indigentes e os clientes do sistema de justiça criminal,[44] ou seja, as mulheres e as crianças do (sub)proletariado no que concerne ao *welfare*, e seus maridos, pais, irmãos e filhos, para o que diz respeito ao sistema penal. Mead preconiza, portanto, "mais Estado" no duplo plano penal e social, mas sob a condição expressa de que esse "social" funcione como penal disfarçado, como instrumento de vigilância e de disciplina dos beneficiários, remetendo-os diretamente a seu homólogo criminal em caso de fraqueza.

Enfim, Lawrence Mead admite que "as implicações" do paternalismo de Estado "são particularmente severas para as minorias raciais que estão sobrerrepresentadas entre os pobres". Em seu caso, sua instauração poderia, à primeira vista, "parecer um retrocesso e, para os negros, um retorno à escravidão e ao regime de Jim Crow" (o sistema de segregação e discriminação legais que prevalecia nos estados do Sul, desde a emancipação até os anos 1960). Mas assegura que "o paternalismo é verdadeiramente uma política pós-racial", na medida em que surge no momento em que "as teorias sociais da pobreza são menos plausíveis do que nunca" e que, seja como for, "os pobres de hoje e aqueles que os assistem estão misturados [*integrated*] e se recrutam entre todos os grupos raciais" [sic].[45]

O fato de que um alto dignitário do New Labour, Frank Field, venha em pessoa debater teses de Lawrence Mead, depois de ter servido de interlocutor para Charles Murray, diz bem do grau de colonização mental dos políticos ingleses com poder de decisão (a cobertura da reedição do livro em 1997, depois da vitória eleitoral dos neotrabalhistas, menciona em grandes caracteres: "Frank Field, ministro para a Reforma da Ajuda Social").[46] Uma tal submissão não deixa de, ao mesmo tempo, espantar e regozijar o politólogo da New York University: "Sinto-me honrado pela atenção que os especialistas em política social britânicos concederam ao meu trabalho. É excitante [*thrilling*] descobrir que meus raciocínios, desenvolvidos bem longe daqui, trouxeram uma contribuição para esse Estado que os americanos chamariam 'a mãe de todos os Estados-providência'."[47]

"A melhor resposta à pobreza é dirigir a vida dos pobres"

O trecho do texto de Lawrence que se segue, intitulado "O debate sobre a pobreza e a natureza humana", tem o mérito de fornecer um catálogo pseudofilosófico das novas "evidências" que guiam a política social americana (e britânica) na era do "pós-*welfare*".[48] Retrocesso para uma visão atomista da sociedade como simples coleção serial de indivíduos orientados ora por, evidentemente, seus interesses, ora (quando seu comportamento parece desafiar o cálculo de utilidade ou ir contra o bom senso conservador) por uma "cultura" de onde milagrosamente jorram suas estratégias e suas chances de vida; explicação individualista de um fato social em violação flagrante do primeiro preceito do método sociológico (que pretende que sempre se explique um fato social por outro fato social), decretado caduco na nova "sociedade meritocrática" enfim alcançada; supressão da divisão em classes sociais, vantajosamente substituída pela oposição técnica e moral entre os "competentes" e os "incompetentes", os "responsáveis" e os "irresponsáveis", as desigualdades sociais sendo apenas um reflexo dessas diferenças de "personalidade" — como em Murray e Herrnstein são de "capacidade cognitiva" — a qual nenhuma política pública seria capaz de controlar. Essa visão ultraliberal coexiste curiosamente com a concepção autoritarista de um Estado paternal que deve ao mesmo tempo fazer respeitar "civilidades" elementares e impor o trabalho assalariado desqualificado e mal-remunerado àqueles que não o desejem. Trabalho social e trabalho policial obedecem assim a uma mesma lógica de controle e reeducação das condutas dos membros fracos ou incompetentes da classe trabalhadora. Não é à toa que esse texto foi publicado em um livro coletivo oferecendo "perspectivas cristãs sobre uma política pública em crise": o impulso religioso desempenha efetivamente um papel notável no retorno do moralismo neovitoriano às classes dominantes da zona anglo-americana. Sociodiceia e teodiceia se juntam aqui para, combinadas, melhor legitimar a nova ordem liberal-paternalista.

"A política social abandonou progressivamente a meta de reformar a sociedade e, em lugar disso, se preocupa em supervisionar a vida dos pobres. Sem dúvida, a causa disso está na ascendência das correntes conservadoras no país, mas a razão mais fundamental é que as explicações estruturais da pobreza carecem de plausibilidade. Se a pobreza se deve principalmente ao comportamento dos pobres antes do que às barreiras sociais, então é o comportamento que deve mudar, mais do que a sociedade. E é preciso antes de tudo desencorajar a gravidez ilegítima e elevar o nível do trabalho. ...

Eis por que a política social se voltou para a imposição do trabalho. A partir de 1967, e sobretudo de 1988, o programa AFDC exige em proporção crescente das mães assistidas [*welfare mothers* — sic] que participem de um programa de trabalho como condição para receber esse subsídio. Os Estados utilizam a legislação sobre o apoio às crianças para exigir dos 'pais ausentes' que trabalhem para prover as necessidades de suas famílias. Além disso, as escolas impõem com mais firmeza seus regulamentos, os abrigos para os sem-teto vigiam o comportamento de seus ocupantes, e a manutenção da ordem tornou-se mais intransigente. A observação mostra que essas políticas paternalistas, que sustentam os pobres ao mesmo tempo em que exigem que eles 'funcionem', oferecem mais esperança de melhorar a pobreza do que fazer mais — ou menos — em favor dos pobres. A melhor resposta à pobreza não é subvencionar as pessoas ou abandoná-las: é dirigir sua vida. ...

O Estado deveria fazer respeitar diretamente os comportamentos essenciais à ordem pública. Deve reprimir as violações da lei, convocar os que estão prestando serviço militar e assim por diante. Deve, com não menos urgência, fazer respeitar as obrigações que os americanos se comprometeram a cumprir para serem considerados iguais na esfera pública. Atingir a igualdade cívica é a missão mais essencial [*innermost purpose*] da América. A participação política faz parte da igualdade cívica, mas poucos são aqueles que julgam que o voto deve ser obrigatório. Com o trabalho, é diferente. As pessoas consideram o trabalho essencial a seu status social, portanto garantir o emprego de todos aqueles que não trabalham é um dos imperativos maiores ao qual está confrontado o Estado americano em política interna. ...

Na sociedade meritocrática pós-reforma [da ajuda social], essas identidades, que marcam a competência e a incompetência, tornaram-se a base da estratificação e ofuscam as velhas diferenças de classe. ... As pessoas são designadas como 'ricas' se porventura têm maneiras convenientes e responsáveis, e 'pobres' no caso contrário. Nenhuma reforma estrutural da sociedade pode alterar essas identidades, pois na nova política atual é a personalidade, e não a renda ou a classe, que representa a qualidade determinante de uma pessoa. A grande fratura de nossa sociedade é aquela que separa não os ricos dos menos ricos [sic], mas os que são capazes e os que não são capazes de serem responsáveis por si mesmos."

O Estado paternalista defendido por Mead deve também ser um Estado punitivo: em 1977, o IEA convoca novamente Charles Murray, dessa vez para promover diante de uma plateia de *policy makers* e de jornalistas seletíssimos a ideia, na última moda junto aos círculos neoconservadores do Novo Mundo, de que a "prisão funciona" e as despesas penitenciárias, longe de constituir um encargo financeiro insuportável, são um investimento pensado e rentável para a sociedade.[49] (Essa tese, sustentada pelas mais altas autoridades judiciárias dos Estados Unidos, é tão evidentemente indefensável fora do perímetro americano — uma vez que não existe estritamente correlação alguma entre índices de criminalidade e índices de encarceramento a nível internacional — que o IEA teve de se resignar a formulá-la no modo interrogativo.) Murray apoia-se em um duvidoso estudo do Ministério da Justiça federal — que conclui que a triplicação da população carcerária nos Estados Unidos entre 1975 e 1989 teria, apenas por seu efeito "neutralizante", evitado 390.000 assassinatos, estupros e roubos com violência — para lançar a ideia de que, "na ausência da pena de morte, a reclusão é de longe o meio mais eficaz de impedir os criminosos comprovados e notórios de matar, estuprar, roubar e furtar". E articula nesses termos categóricos a política penal que deve acompanhar a retirada social do Estado: "Um sistema judiciário não tem que se preocupar com as razões que levam alguém a cometer um crime. A justiça está aí para punir os culpados, indenizar os inocentes e defender os interesses dos cidadãos que respeitam a lei."[50] Em termos claros, o Estado não deve se preocupar com as causas da criminalidade das classes pobres, à margem de sua "pobreza moral" (o novo "conceito" explicativo em voga), mas apenas com suas consequências, que ele deve punir com eficácia e intransigência.

Alguns meses depois da visita de Murray, o IEA convidava o ex-chefe da polícia nova-iorquina William Bratton para fazer a propaganda da "tolerância zero" durante uma entrevista coletiva disfarçada de colóquio, da qual participavam os responsáveis pela polícia de Hartlepool, Strathclyde e Thames Valley (os dois primeiros autores da iniciativa de introduzir a "polícia ostensiva" em seus distritos). Nada mais lógico, uma vez que a "tolerância zero" é o complemento policial indispensável do encarceramento em massa, o que leva à penalização da miséria tanto na Grã-Bretanha como nos Estados Unidos. Por ocasião desse encontro, ao qual as mídias dóceis asseguraram uma grande repercussão, informou-se que "as forças da ordem na Inglaterra e nos Estados Unidos concordam cada vez mais no sentido de que os comportamentos criminosos e protocriminosos [*subcriminal* — sic], como jogar lixo na rua, insultar, pichar e cometer atos de vandalismo, devem ser reprimidos com firmeza, a fim de impedir que comportamentos criminosos mais graves se desenvolvam", e que se faz urgente "restaurar o moral dos policiais que foram submetidos anos a fio ao trabalho daninho dos sociólogos e dos criminologistas, que insistem no fato de que o crime é causado por fatores como a pobreza, que não são da alçada da polícia".

Essa pseudoentrevista prolongou-se, como de costume, com a publicação de uma obra coletiva, *Zero Tolerance: Policing a Free Society*, cujo título resume bem a filosofia política a colocar em prática: "livre" quer dizer "por cima", liberal e não intervencionista, sobretudo matéria de controle fiscal e de emprego; "por baixo", intrusiva e intolerante, para tudo que diz respeito, de um lado, aos comportamentos públicos dos membros das classes populares vítimas da generalização do subemprego e do trabalho assalariado precário; de outro, ao recuo da proteção social e à indigência dos serviços públicos. Amplamente divulgados entre os especialistas e os membros do governo Tony Blair, essas noções serviram de referência para a lei sobre o crime e a desordem votada pelo parlamento neotrabalhista em 1998, reconhecida como a mais repressiva do pós-guerra.[51] E, para evitar qualquer equívoco sobre o alvo visado por essas medidas, o primeiro-ministro britânico sustentava seu apoio à "tolerância zero" nos seguintes termos, que não podem ser mais claros: "É importante dizer que não toleramos mais as infrações menores. O princípio de base aqui é dizer que, sim, é justo ser intolerante para com os sem-teto na rua."[52] Pode-se medir a banalização dessas teses na Grã-Bretanha pelo fato de o *Times Literary Supplement* ter julgado digno de mandar resenhar — e incensar — em suas páginas o opúsculo do Institute for Economic Affairs, *Zero Tolerance*, pelo inspetor-chefe das prisões britânicas, que, em um artigo incisivamente intitulado "Rumo à tolerância zero", convida "a receber bem e encorajar [este] livrinho admirável" em função de ele nos mostrar como os policiais podem ser "não agentes da manutenção da ordem, mas parceiros no esforço combinado com as comunidades visando restabelecer as condições nas quais uma sociedade livre pode se desenvolver".[53]

Partindo do Reino Unido, onde constituem o padrão pelo qual todas as autoridades são agora exortadas a avaliar suas práticas policiais e judiciárias, as noções e dispositivos promovidos pelos "formadores de opinião" neoconservadores dos Estados Unidos espalharam-se através da Europa ocidental, na Suécia, Holanda, Bélgica, Espanha, Itália e França. Ao ponto de que hoje é difícil para um funcionário de um governo europeu exprimir-se sobre a "segurança" sem que saia de sua boca algum slogan *made in USA*, ainda que ornamentado, como sem dúvida exige a honra nacional, pelo adjetivo "republicano": "tolerância zero", toque de recolher, denúncia histérica da "violência dos jovens" (isto é, jovens ditos imigrantes dos bairros sob quarentena econômica), foco nos pequenos traficantes de droga, relaxamento ou atenuação da fronteira jurídica entre menores e adultos, prisão para jovens várias vezes reincidentes, privatização dos serviços de justiça etc. Todas essas palavras de *ordem* — no sentido forte do termo — atravessaram o Atlântico e a Mancha antes de encontrar uma acolhida cada vez mais hospitaleira no continente, onde, cúmulo da hipocrisia ou da ignorância política, seus partidários as apresentam como inovações nacionais exigidas pelo crescimento inédito da "violência urbana" e da criminalidade local.

Importadores e colaboradores

Fica claro, com efeito, que a exportação dos temas e das teses de segurança incubados nos Estados Unidos, a fim de reafirmar a influência moral da sociedade sobre seus "maus" pobres e de educar o (sub)proletariado na disciplina do novo mercado de trabalho, só é tão florescente porque encontra *o interesse e a anuência das autoridades dos diversos países destinatários*. Anuência que assume formas variadas: é entusiasta e plenamente assumida em Blair, vergonhosa e inabilmente negada em Jospin, com toda uma gama de posições intermediárias. Vale dizer que, entre os agentes do empreendimento transnacional de conversão simbólica visando impor como evidente, universalizando-o (no seio do pequeno círculo dos países capitalistas que se pensam como o universo), o novo *ethos punitivo* necessário para justificar a escalada do Estado penal, estão os dirigentes e os funcionários dos Estados europeus que, um depois do outro, se convertem ao imperativo do "restabelecimento" da ordem (republicana) depois de terem se convertido aos benefícios do mercado (dito livre) e à necessidade de "menos Estado" (social, é claro). Daí a renúncia a criar empregos; de agora em diante serão instalados comissariados, provavelmente à espera da construção de prisões.[54] A expansão do aparato policial e penal pode, além disso, trazer uma contribuição significativa à criação de postos de trabalho na vigilância dos excluídos e rechaçados do mundo do trabalho: os 20.000 assistentes de segurança e 15.000 agentes locais de mediação, que se prevê concentrar nos "bairros sensíveis" até o final de 1999, representam uma boa décima parte dos empregos-jovens prometidos pelo governo francês. A "ficha de ação nº 71", que orienta a colocação em prática dos "contratos locais de segurança", sob a égide do Ministério do Interior, preconiza também "a criação da ramificação 'ofícios da segurança privada' no campo da inserção profissional e social dos jovens" e "fazer um esforço particular para o recrutamento dos assistentes de segurança (ADS) para que estes representem, ao menos parcialmente [sic], a sociologia dos bairros urbanos".[55]

Os países importadores dos instrumentos americanos de uma penalidade resolutamente agressiva, adaptada às missões ampliadas que competem às instituições policiais e penitenciárias na sociedade neoliberal avançada — reafirmar a autoridade moral do Estado no momento em que ele próprio é atingido pela impotência econômica, impor ao novo proletariado um salário precário, engaiolar os inúteis e os indesejáveis da ordem social nascente —, não se contentam todavia em receber passivamente essas ferramentas. Eles as tomam emprestadas, frequentemente por iniciativa própria, e as adaptam às suas necessidades e às suas tradições nacionais, tanto políticas como intelectuais, sobretudo por meio dessas "missões de estudos" que se multiplicam já há uma década através do Atlântico.

A exemplo de Gustave de Beaumont e Alexis de Tocqueville, que na primavera de 1831 empreenderam uma excursão carcerária pelo "solo clássico do sistema penitenciário", parlamentares, penalistas e altos funcionários dos países membros da União

Europeia fazem peregrinações regulares a Nova York, Los Angeles e Houston no intuito de "penetrar os mistérios da disciplina americana" e na esperança de melhor aplicar "as engrenagens secretas" em sua pátria.[56] Assim, foi depois de uma dessas missões, generosamente financiada pela Corrections Corporation of America, primeira firma de encarceramento dos Estados Unidos — quanto ao número de negócios (mais de 400 milhões de dólares), ao número de detentos (perto de 50.000) e ao rendimento de seus títulos no mercado de ações Nasdaq (seu valor se multiplicou por 40 em 10 anos) —, que Sir Edward Gardiner, presidente da Comissão de Assuntos Internos da Câmara dos Lordes, conseguiu descobrir as virtudes da privatização penitenciária e instar a Inglaterra a se colocar na via das prisões com fins lucrativos. Isso antes de se tornar ele próprio membro do conselho de administração de uma das principais empresas que dividem o suculento mercado da punição, uma vez que o número de reclusos nas prisões privadas da Inglaterra aumentou de 200 em 1993 para quase 4.000 hoje.

O outro instrumento através do qual se efetua a difusão do novo senso comum penal na Europa são os relatórios oficiais, esses escritos *pré-pensados* por intermédio dos quais os governantes enfeitam as decisões que pretendem tomar por razões políticas (e com frequência estritamente eleitorais)[57] com os ouropéis dessa pseudociência que os pesquisadores mais sintonizados com a problemática midiático-política do momento estão especialmente aptos a produzir sob encomenda. Esses relatórios se fundamentam no contrato (de bobos) que segue: como contrapartida de uma notoriedade midiática fugaz — a qual ele se empenhará em capitalizar em prebendas e privilégios acadêmicos nos setores mais díspares do campo universitário —, o pesquisador solicitado aceita abjurar sua autonomia intelectual, isto é, sua capacidade de colocar a questão considerada em termos propriamente científicos, segundo os cânones de sua disciplina, o que requer, por definição, romper com a definição oficial do "problema social" dado e, em particular, analisar sua pré-construção política, administrativa e jornalística. Para pegar um caso recente: retraçar a invenção e os usos políticos da categoria de "violência urbana", *puro artefato burocrático* desprovido de coerência estatística e de consistência sociológica, em lugar de dissertar docilmente sobre as causas presumidas e seus remédios possíveis nos próprios termos determinados pela administração que a inovou com fins internos.[58]

Esses relatórios apoiam-se de maneira típica nos relatórios produzidos em circunstâncias e segundo cânones análogos nas sociedades tomadas como "modelo" ou solicitadas para uma "comparação", que geralmente deriva da projeção fantasiosa, de modo que o senso comum governamental de um país encontra caução no senso comum estatal desses vizinhos segundo um processo de reforço circular. Um exemplo entre outros: fica-se estarrecido ao se descobrir, em anexo ao relatório da missão confiada por Lionel Jospin aos deputados socialistas Lazerges e Balduyck sobre as *Respostas à delinquência dos menores*, uma nota de Hubert Martin, consultor para assuntos sociais junto à embaixada da França nos Estados Unidos, fazendo um verdadeiro panegírico dos toques de recolher impostos aos adolescentes nas metrópoles americanas.[59] Este zeloso funcionário retoma por sua conta, sem emitir a menor dúvida e tampouco a mais tímida crítica, os resultados de uma pseudoinvestigação em forma de arrazoado realizada e publicada pela Associação Nacional dos Prefeitos das Grandes Cidades dos Estados Unidos com o objetivo expresso de defender esse orçamento policial, que ocupa um lugar especial em sua "vitrine" midiática da segurança. Nas palavras de seus promotores, que nenhum estudo sério felizmente vem perturbar ou corrigir (existe contudo um grande número, e não são de difícil acesso), a instauração desses toques de recolher seria "um instrumento eficaz da ordem pública", pois ele responsabiliza os pais e previne os atos de violência mediante um "bom uso do tempo e do serviço da polícia", em benefício de "uma preparação de terreno séria visando a obtenção de um consenso local".

Esse funcionário do governo francês torna-se assim o porta-voz dos prefeitos americanos que "têm a impressão" de que os toques de recolher "contribuíram para a atual queda da delinquência juvenil". Na verdade, esses programas não têm nenhuma incidência apreciável sobre a delinquência, a qual se contentam em deslocar no tempo e no espaço. São muito onerosos em homens e meios, uma vez que é preciso deter, registrar, transportar e, eventualmente, prender a cada ano dezenas de milhares de jovens que não infringiram lei alguma (mais de 100.000 em 1993, ou seja, duas vezes o número de menores presos por roubo, excluindo-se os roubos de carro). E, longe de se tornar objeto de um "consenso local", eles são vigorosamente combatidos nos tribunais (recentemente muitas queixas foram parar no Supremo), em razão de sua aplicação discriminatória e sua vocação repressiva, o que contribui para criminalizar os jovens de cor dos bairros segregados.[60] De passagem, podemos observar como uma medida policial desprovida de efeitos — além dos criminógenos e liberticidas — e de justificação — a não ser a midiática — consegue se generalizar, com cada país tomando como pretexto o "sucesso" dos outros na matéria para adotar uma técnica de vigilância e ostensividade que, embora fracasse por toda parte, encontra-se de fato validada em virtude de sua própria difusão.

> Embora não suscite nenhuma nota crítica nas revistas de criminologia e de sociologia nos Estados Unidos, *Turnaround*, a autocelebração do "melhor tira da América", já foi resenhada — e incensada — por Julien Damon (responsável pela Missão Solidariedade da SNCF, encarregado da "política de inserção" e das questões referentes à presença dos sem-teto nas *gares*) nos *Cahiers de la Sécurité Intérieure*, publicação do organismo oficialmente encarregado de "pensar a segurança interna" que é o Institut des Hautes Études de la Sécurité Intérieure. Damon apresenta o panfleto de Bratton à glória de Bratton como um livro "recomendado a todos aqueles que pretendem se informar sobre as práticas ditas de 'tolerância zero'" e chega a remeter o leitor, como conclusão, ao anúncio publicitário em favor da tolerância zero publicado pelo Institute of Economic Affairs, *Zero Tolerance: Policing a Free Society*, que ele descreve como "uma obra coletiva inglesa [que] reúne as reflexões de alguns responsáveis policiais, entre os quais William Bratton, que aí

apresenta suas teses e métodos".[61] Vale dizer que o Manhattan Institute e o Institute of Economic Affairs não precisam se preocupar em arranjar leitores, ou paladinos, do outro lado do Atlântico ou da Mancha.

O mesmo número dos *Cahiers de la Sécurité Intérieure* traz um longo artigo do politólogo Sébastian Roché, que transformou em especialidade a importação das teorias — e, à guisa de bônus ou contrabando, ideologias — americanas sobre a segurança e as incivilidades, que coloca a questão crucial: "A tolerância zero é aplicável na França?" É natural que esse artigo arrebate os colegas americanos que o receberam em Princeton, onde efetuou uma "missão" como Research Fellow sob a importante autoridade de John DiIulio, grande partidário do "cárcere radical" e teórico da moda da "pobreza moral" como causa fundamental do crime.[62] Nesse artigo Roché opõe o rigor e a neutralidade científicos dos trabalhos dos criminologistas ultraconservadores americanos (entre outros, James Q. Wilson e Richard Herrnstein — o mesmo que comete *The Bell Curve* com Charles Murray —, George Kelling, antigo chefe da polícia de Kansas City que se tornou Fellow no Manhattan Institute, David Courtwright, historiador neodarwinista segundo o qual a violência na América seria produto das "sociedades de celibatários" vivendo em um ambiente de "fronteira" que dá livre curso à "bioquímica da espécie humana") ao amadorismo das pesquisas francesas, que, por contraste, "não raro resultam de uma posição ideológica ou profissional". E, sobretudo, nada que desagrade William Bratton: Roché faz uma apresentação ultrassuperficial da política policial de Nova York, na qual são citados um a um James Q. Wilson, Kelling e o próprio Bratton, que parece se confundir com um folheto publicitário do New York City Police Department. Um exemplo: sem fornecer o menor dado (depois de ter se queixado longamente da falta de "trabalhos empíricos sistemáticos" na França), ele afirma que, "sobre a segurança", as "opiniões [dos negros] sobre a política de Guiliani [sic] comungam da mesma satisfação que outras comunidades". Ora, viu-se que a comunidade afro-americana diverge completamente dos nova-iorquinos brancos sobre esse ponto preciso — e com razão. É verdade que não é em Princeton, pequeno paraíso social e racial isolado de tudo, que seremos capazes de perceber isso. Roché conclui decretando que a "tolerância zero" é uma " pista" que "merece ser explorada na França", embora advirta que "a dimensão repressiva, absolutamente incontornável, não pode ser *tão desenvolvida* como nos Estados Unidos: aqui, o crime violento está menos presente".[63] Cabe portanto à França inovar com uma política de repressão policial moderadamente repressiva... Este será sem dúvida o objeto do trabalho de Roché, cuja publicação futura vem sendo displicentemente anunciada numa nota de rodapé: *Y-a-t-il une vitre française cassée?*

O ardor e o devotamento desses missionários transatlânticos da segurança não foram vãos: os dogmas da nova religião penal fabricada nos Estados Unidos para melhor "educar" as frações da classe trabalhadora refratárias à disciplina do trabalho assalariado precário e sub-remunerado espalharam-se por toda a Europa, onde já gozam do status de evidências entre os especialistas que se apinham junto a governos repentinamente preocupados em promover o "direito à segurança" — com tanto zelo que mandaram às favas o "direito ao trabalho". Eles fornecem a trama do "Que Sais-Je" sobre *Violências e insegurança urbanas* publicado em 1999 e assinado por Alain Bauer e Xavier Raufer. Raufer é o diretor de estudos do Centre Universitaire de Recherche sur les Menaces Criminelles Contemporaines (o nome já é em si um programa completo) da Universidade de Paris-Pantéon-Sorbonne e professor do Institut de Criminologie de Paris, mas também — a contracapa da obra omite a informação — um fundador do grupo de extrema-direita Occident Chrétien. Antigo vice-presidente da Universidade Paris-Pantéon-Sorbonne, lecionando ciência política também no Institut des Hautes Études de Sécurité Intérieure, prolixo autor de pontos de vista regularmente publicados pelo *Monde*, Bauer é um participante obrigatório nos colóquios oficiais sobre a "violência urbana", onde de passagem recruta a clientela de AB

Associates, "grupo de consultoria em segurança urbana", do qual é o executivo-chefe. Nenhuma surpresa, portanto, que sua obra faça a apologia da "tolerância zero", da polícia privada e da recuperação do controle penal da "França periurbana atingida pelo crime". Pois, segundo Bauer e Raufer, o "empenho pela segurança" de Nova York "permitiu torcer o pescoço de muitos 'patos'* pseudocriminológicos, aves nocivas ainda muito atuantes em nosso país": a origem do crime não é nem demográfica, nem econômica, nem cultural, nem "químico-medicamentosa" (ligada à toxicomania); sua "gênese social remota" é apenas um embuste ou um conto do vigário, a escolher. "Tudo isso está demonstrado no livro-balanço (i.e., a pseudoautobiografia) de William Bratton: "Para além de todas as teorias de inspiração sociológica, a origem mais certa do crime *é o próprio criminoso*,"[64] Essa "descoberta" criminológica que Bauer e Raufer generosamente atribuem ao antigo chefe da polícia de Nova York nada mais é do que o refrão favorito de Ronald Reagan em seus discursos sobre o crime, que ele próprio roubava do criminologista ultradireitista James Q. Wilson, que, por sua vez, não fazia senão formular em termos vagamente "criminológicos" a mais antiga filosofia social conservadora na matéria.

Depois de ter atravessado o Atlântico, a prosopopeia da segurança, eivada de falsos conceitos, de slogans disfarçados em "teorias" e de contraverdades sociológicas propagadas pelos *think tanks* neoconservadores no contexto de sua guerra ao Estado-providência, molda diretamente a aplicação local das políticas policiais europeias. Daí encontrarmos esse compêndio fiel à nova doutrina punitiva neoliberal na "ficha nº 31", redigida com vistas ao estabelecimento de "contratos locais de segurança" nas cidades da França pelo oficialíssimo Institut des Hautes Études de la Sécurité Intérieure:

---

* No original, *canard*, que, além de "pato", significa "pasquim", "jornal ordinário". (N.T.)

Pesquisas americanas demonstraram que a proliferação das incivilidades é apenas o sinal precursor de uma escalada generalizada da delinquência. Por mínimas que pareçam, as primeiras condutas desviantes — que, mal se generalizam, estigmatizam um bairro e nele polarizam outros desvios — são o sinal do fim da paz social no cotidiano. A espiral do declínio se esboça, a violência se instala, e com ela todas as formas de delinquência: agressões, roubos, tráfico de drogas etc. (cf. J. Wilson e T. Kelling, "A teoria da vidraça quebrada").

Foi fundamentando-se nos dados dessas pesquisas que o chefe da polícia de Nova York implantou uma estratégia de luta conhecida como "tolerância zero" contra os autores de incivilidades, o que parece ter sido um dos fatores da imensa redução da criminalidade naquela cidade.[65]

A exemplo dos intelectuais-mercenários das ideias feitas americanas, dos quais sugam essas ideias, os "experts" em segurança do Ministério do Interior invertem aqui as causas e as consequências a fim de melhor eliminar qualquer vínculo entre delinquência e desemprego, insegurança física e insegurança social, escalada dos distúrbios públicos e aumento das desigualdades. Ora, não é porque os "incivilizados" se multiplicam em um bairro (como por geração espontânea ou efeito de imitação) que este se torna *eo ipso* mal-afamado por soçobrar numa onda de violência que acarreta sua decadência, mas antes o inverso: são a decadência econômica e a segregação perene que alimentam os distúrbios de rua, desestabilizando a estrutura social local e minando as oportunidades de vida das populações. Se os guetos negros e os *barrios* mexicanos e porto-riquenhos dos Estados Unidos concentram em seu seio tantas "patologias urbanas", é em razão da dupla rejeição de casta e de classe, de que padecem de saída seus habitantes, e do desinvestimento urbano e social levado a cabo durante 25 anos pelo Estado americano[66] — e não por efeito de uma dinâmica behaviorista endógena que veria os riachos dos "pequenos delitos" irem naturalmente fazer transbordar o rio caudaloso das grandes "violências urbanas". O melhor estudo disponível sobre a "espiral da decadência urbana" nos Estados Unidos, de autoria do cientista político Wesley Skogan, *Disorder and Decline: Crime and the Spiral of Decay in American Neighborhoods*, estabelece que o deteminante mais poderoso da desordem social nos bairros pobres é a miséria devida ao subemprego crônico (a correlação entre desordem pública e a taxa de desemprego é de +0,84), seguida de perto pela segregação racial. O cúmulo, no entanto, é que esse estudo seja frequentemente citado como verificação empírica... da pseudoteoria da "vidraça quebrada".[67]

"Desculpas sociológicas" e "responsabilidade individual"

Assim como a ideologia neoliberal em matéria econômica se apoia na separação estanque entre o econômico (pretensamente regido pelo mecanismo neutro, fluido e eficiente do mercado) e o social (habitado pela arbitrariedade imprevisível das paixões e dos poderes),[a] a nova *doxa* penal que se espalha hoje, a partir dos Estados Unidos e através do continente europeu, passando pelo Reino Unido, postula uma cesura nítida e definitiva entre as circunstâncias (sociais) e o ato (criminoso), as causas e as consequências, a sociologia (que explica) e o direito (que legisla e pune). O mesmo modo de raciocínio individualista serve então para desvalorizar o ponto de vista sociológico, implicitamente denunciado como desmobilizador e "desresponsabilizante" — portanto infantil e mesmo feminilizante —, para substituí-lo pela retórica viril da retidão e da responsabilidade *individual*, capaz de desviar a atenção das desapropriações coletivas em matéria de equipamento urbano, escolar e econômico, a começar por aquelas do Estado, assim como indica essa declaração ideal-típica do primeiro-ministro Lionel Jospin em uma entrevista paradoxalmente intitulada "Contra o pensamento único internacional", enquanto parece saída da boca de George Bush:

> *Desde que assumimos, insistimos nos problemas de segurança. Prevenir e punir são os dois polos da ação que empreendemos. Esses problemas estão ligados a graves fenômenos de urbanismo malplanejado, de desestruturação familiar, de miséria social, mas também de falta de integração de uma parte da juventude que vive nas cidades. Aliás, isso não constitui uma* desculpa *para* comportamentos individuais delituosos. *Não se deve confundir a sociologia e o direito.* Cada um permanece responsável por seus atos. *Enquanto aceitarmos desculpas sociológicas e não colocarmos em questão a* responsabilidade individual, *não resolveremos esses problemas.*[b]

As causas coletivas são aqui relegadas ao nível de "desculpas" a fim de melhor justificar sanções individuais que, estando seguras de não ter influência sobre os mecanismos geradores de comportamentos delinquentes, são incapazes de ter outras funções senão a de reafirmar a autoridade do Estado no plano simbólico (com vistas a objetivos eleitorais) e reforçar seu setor penal no plano material, em detrimento de seu setor social. Não é, portanto, surpresa encontrar essa mesma filosofia individualista e liberal na quantidade de discursos do presidente Bush (ou Reagan), como essa "Alocução aos estudantes a propósito da 'Guerra à Droga'", de 1989:

> *Devemos erguer a voz e corrigir uma tendência insidiosa — a tendência que consiste em imputar o crime antes à sociedade do que ao indivíduo. ... No que me diz respeito, como a maioria dos americanos, penso que poderemos começar a construir uma sociedade mais segura concordando de saída que* não é a sociedade em si que é responsável pelo crime; são os criminosos que são os responsáveis pelo crime.[c]

Em março de 1999, por ocasião de uma intervenção através de vídeo nos "Encontros nacionais dos agentes de prevenção da delinquência" — designação que por si só mereceria uma exegese: sua função é fazer contrapeso discursivo ao desvio para a efetiva "policialização" da miséria nos bairros outrora operários abandonados pelo Estado —, a ministra da Justiça Elisabeth Guigou dobra a aposta na necessidade imperativa de dissociar causas sociais e responsabilidade individual, segundo o esquema básico da visão neoliberal do mundo social. E chega a usar acentos reaganianos para fustigar uma "cultura de indulgência" que os programas de "prevenção" alimentam, o que nitidamente relega ao utopismo os partidários de políticas sociais de tratamento social da precariedade:

> *A guinada, para todos nós, deve ser uma guinada rumo ao princípio de realidade. Quem não enxerga que certos métodos de prevenção alimentam, às vezes por inadvertência, uma certa cultura da indulgência que desresponsabiliza os indivíduos? Pode-se construir a autonomia de um jovem dizendo-lhe sem parar que suas infrações têm causas sociológicas, até mesmo políticas — nas quais muito frequentemente ele não teria pensado sozinho — e portanto que uma massa de seus semelhantes, colocados exatamente nas mesmas condições sociais, não comete delito algum?*[d]

É esse mesmo "princípio de realidade" que o próprio Ronald Reagan não perdia oportunidade de evocar, como indicam as tais "Observações por ocasião do jantar do Comitê de Ação Conservador (1983)":

> *É mais que evidente que o essencial do nosso problema de criminalidade foi causado por uma filosofia social que concebe*

> *o homem como sendo principalmente um produto de seu meio ambiente material. Essa mesma filosofia de esquerda que pretendia trazer uma era de prosperidade e virtude pelo viés de gastos públicos maciços vê os criminosos como infelizes produtos de condições socioeconômicas ruins ou do fato de serem oriundos de um grupo desfavorecido. É a sociedade, dizem, e não o indivíduo, que está em falta quando um crime é cometido. O erro é nosso. Pois bem, hoje um novo consenso rejeita totalmente este ponto de vista.*[e]

Finalmente, podemos apreciar o quanto essa visão individualizante da justiça social e penal transcende de agora em diante a divisão política tradicional entre a direita e a esquerda governamental na França, constatando que exortações idênticas às de Elisabeth Guigou são feitas quase ao mesmo tempo pelo deputado do Essone e membro do Bureau Político da Concentração pela República, Nicolas Dupont-Aignan, em uma coluna de opinião intitulada "Violência urbana: a engrenagem", e publicada com destaque pelo *Figaro*:[f]

> *À força de* desculpar *incessantemente os autores das violências urbanas, corremos o risco de alimentar os fenômenos de delinquência. ... Qualquer que seja a razão profunda e real da fratura social, é inaceitável procurar desculpas para atos indesculpáveis. Estão os três milhões de desempregados atuais autorizados a roubar, pilhar e depredar? ... Por que a França não seguiria o exemplo do ministro inglês do Interior que lançou o programa "No more excuses"? Em suma, não deixar passar nada, punir desde o primeiro delito.*

E esse temerário deputado que exorta à guerra contra os novos bárbaros da cidade ironiza — mas, sem o saber, em segundo grau:

> "É verdade que esse ministro inglês deve ser um pouco fascista: é um trabalhista inglês!" Ignorando no episódio, em virtude das exigências da causa política, que o ministro do Interior do governo da "esquerda plural" no poder já havia, por ocasião do Colóquio de Villepinte sobre a segurança das cidades (antônimo presumido das "violência urbana") em novembro de 1997, reivindicado imitar o modelo inglês.
>
> a. Pierre Bourdieu, *Contre-feux*, Paris, Liber-Raisons d'Agir, 1998, p.108-19. [Ed. bras.: *Contrafogos*, Rio de Janeiro, Zahar, 1998.]
> b. "Mr. Jospin contre la pensée unique internationale. Un entretien avec le Premier Ministre", *Le Monde*, datado de 7 de janeiro de 1999 (o grifo é meu). Seria pela consciência pesada de se alinhar na *doxa* penal neoliberal vinda dos Estados Unidos ou por uma negativa sincera que o primeiro-ministro se empenha em afirmar, nessa mesma entrevista, que o "mundo precisa de uma França que não seja banal, que não seja aquela do pensamento único internacional"?
> c. George Bush, "Alocução aos estudantes a propósito da 'Guerra à Droga' (1989)", citado por Katherine Beckett e Bruce Western, "Crime control, american style", in Penny Green e Andrew Rutherford (orgs.), *Criminal Justice in Transition*, Darmouth, Ashgate, no prelo.
> d. "Le gouvernement veut allier prévention et répression contre la délinquance", *Le Monde*, 20 mar 1999.
> e. Ronald Reagan, "Observações por ocasião do jantar do Comitê de Ação Conservador (1983)", citado por Beckett e Western, "Crime control, American style", op.cit. O "novo consenso" hoje não se limita à sociedade norte-americana.

O *pidgin** científico da penalidade neoliberal

Gestação e disseminação, a princípio nacional depois internacional, pelos *think tanks* norte-americanos e seus aliados no campo

---

* *Pidgin*: língua franca, inglês ou qualquer outra língua simplificada, para comunicação entre pessoas de diferentes nacionalidades. (N.T.)

burocrático e midiático de termos, teorias e medidas que se imbricam umas nas outras para, em conjunto, penalizar a insegurança social e suas consequências. Imitação, parcial ou integral, consciente ou inconsciente, requerendo um trabalho mais ou menos elaborado de adaptação ao idioma cultural e às tradições de Estado, próprios aos diferentes países receptores, por parte dos funcionários que, em seguida, os colocam em prática, cada um em seu domínio de competência. Uma terceira operação vem redobrar esse trabalho e acelerar o tráfico internacional das categorias da concepção neoliberal que a partir de agora circulam regularmente de Nova York a Londres, depois Paris, Bruxelas, Munique, Milão e Madri: a *configuração científica*.

É por intermédio das trocas, intervenções e publicações de caráter universitário, real ou simulado, que os "transmissores" intelectuais reformulam essas categorias em uma espécie de *pidgin politológico*, suficientemente concreto para atrair as esferas de decisão políticas e os jornalistas preocupados em "ater-se à realidade" (tal como projetada pela visão autorizada do mundo social), mas suficientemente abstrato para livrá-los das marcas demasiado flagrantes que devem às particularidades de seu contexto nacional de origem. De tal maneira que essas noções tornam-se lugares-comuns semânticos para onde convergem todos aqueles que, para além das fronteiras de ofício, de organização e de nacionalidade, e mesmo de filiação política, pensam espontaneamente a sociedade neoliberal avançada como ela gostaria de sê-lo.

Temos uma demonstração clamorosa disso com esse espécime exemplar de falsa pesquisa sobre um falso objeto inteiramente *pré-fabricado* pelo senso comum político-midiático do momento, e logo "comprovado" por dados colhidos em artigos de revistas semanais, pesquisas de opinião e publicações oficiais, mas devidamente "autenticados", aos olhos do leitor desavisado pelo menos, por algumas rápidas visitas aos bairros incriminados (no sentido literal do termo), que é a obra de Sophie Body-Gendrot, *As cidades diante da insegurança: guetos americanos nos bairros franceses*. O título é por si só uma espécie de condensado prescritivo da nova *doxa* do Estado na matéria: sugere aquilo que é de rigor pensar sobre o novo rigor policial e penal, que nos é anunciado simultaneamente como inelutável, urgente e benéfico.[68] Uma única citação, extraída das linhas que abrem o livro, basta aqui:

> O aumento inexorável dos fenômenos de violência urbana vem deixando perplexos todos os especialistas. Será preciso optar pela "pura repressão", concentrar os meios na prevenção ou buscar um caminho intermediário? Deve-se combater os sintomas ou enfrentar as causas profundas da violência e da delinquência? De acordo com uma pesquisa...

Encontramos aí reunidos todos os ingredientes do simulacro de ciência política que fazem as delícias dos tecnocratas dos gabinetes ministeriais e as páginas de "debates-opiniões" dos grandes jornais: um dado inicial que não está nem por sombra comprovado ("crescimento inexorável"), mas acerca do qual se sustenta que perturbaria até os "especialistas" (não dizem quais, por todos os motivos); uma categoria da concepção burocrática ("violência urbana") sob a qual cada um pode colocar o que lhe convier, visto que não corresponde a praticamente nada; uma pesquisa que não avalia grande coisa mais do que a atividade do instituto que a produziu; e uma série de falsas alternativas correspondendo a uma lógica de intervenção burocrática (repressão ou prevenção) que o pesquisador se propõe dissecar quando já estão resolvidas com sutileza na questão colocada. Tudo o que segue, espécie de catálogo dos clichês americanos sobre a França e franceses sobre os Estados Unidos, permitirá *in fine* apresentar como um "caminho intermediário", conforme à razão (de Estado), a deriva penal preconizada pelo governo socialista no poder, sob pena de precipitar o desastre — a contracapa assim interpela o cidadão-leitor: "É urgente: ao voltar a investir em bairros inteiros, trata-se de impedir que a classe média se incline para soluções políticas extremas."[69] Esclareçamos: "reinvestindo" neles com policiais e não com empregos.

A intangível "explosão" da "violência urbana" por parte dos menores

O exame minucioso e aprofundado da produção e da evolução dos números da delinquência registrados pelos serviços de polícia entre 1974 e 1997 pelo melhor especialista francês na questão, o criminologista Bruno Aubusson de Cavarlay, permite "uma certa perspectiva" (p.265)[70] em relação às declarações catastrofistas dos políticos, assim como aos discursos alarmistas dos jornalistas incapazes de interpretar uma estatística[71] e dos pesquisadores que precipitadamente lhes fazem eco, aparentemente sem ter se debruçado muito tempo sobre a questão.

Em volume bruto, a delinquência dos menores da França decerto aumentou durante os últimos 15 anos, mas isso apenas acompanha a tendência global das infrações, nem mais nem menos: após ter flutuado ligeiramente na baixa depois na alta, a parcela dos jovens na delinquência total em 1996 é *rigorosamente idêntica* àquela de 1980, ou seja, 18% (p.271). É verdade que, de 1994 a 1997, o número total de atos de delinquência constatado diminui, ao passo que o número de menores processados cresce nitidamente. Mas a pretensa "explosão" da delinquência juvenil durante esses anos é um *artifício* que reflete o "alcance" do primeiro número pelo segundo em virtude da maior diligência da Justiça em relação aos jovens (p.270). Ocorre o mesmo em relação à gravidade crescente das infrações: o deslocamento para os atentados violentos (depredações e danos, golpes e feridas voluntários, roubos com violência, estupros) diz respeito a *todos os delinquentes*, e não apenas aos menores, e explica-se em parte pela melhor acolhida às vítimas, o que facilita a apresentação de queixas (particularmente no caso dos estupros) (p.275 e 269). Quanto às outras infrações, como arrombamentos, roubos de veículos e roubos de vitrines ou supermercados, os números absolutos de 1996 para os menores são até mesmo *inferiores* aos de 1980 (p.273).

Quanto às supostas "incivilidades" mais comuns (insultos, danos pequenos, ameaças), ninguém é capaz de saber se os jovens cometem mais ou menos do que no passado ou do que seus ancestrais, uma vez que a estatística da polícia simplesmente não as registra! Enxerga-se mal, portanto, o que permitiria alegar uma "implicação cada vez mais significativa dos jovens nas infrações e nas incivilidades", como afirma com confiança o primeiro-ministro em sua carta de instruções para a "Missão sobre as respostas à delinquência dos menores" dirigida aos deputados Lazergues e Balduyck.[72] Quanto à "redução da idade de menores processados nos casos cada vez mais graves e violentos" — que Lionel Jospin apresenta como um fato estabelecido que motivou seu pedido urgente de um relatório parlamentar —, é inteiramente baseada em impressões, suposições e temores, na medida em que, ainda aí, "não existe fonte estatística que permita estimar o rejuvenescimento da delinquência ou sua maior precocidade, os quais reaparecem constantemente nos testemunhos tomados" (p.270).[73]

No desfecho desse exercício exemplar de leitura estatística, Aubusson de Cavarlay conclui, com uma firmeza marcada pela diplomacia, que as estatísticas existentes não podem nem anular nem confirmar "a hipótese do surgimento de uma nova forma de delinquência própria a certos menores (delinquência dita de exclusão)", e tampouco autorizam "criar um novo reagrupamento de infrações intitulado incautamente de 'violências urbanas' no qual os menores estariam particularmente bem representados" (p.275). Entretanto, é esta suposta "explosão" da "violência urbana" dos jovens caídos numa suposta e recente "delinquência de exclusão" que motiva — ou serve de pretexto para — a deriva para o tratamento penal da miséria preconizado por Lionel Jospin. E é essa mesma categoria de "violência urbana", que é um absurdo estatístico visto que mistura tudo e qualquer coisa, que o Ministério da Justiça invoca para excluir, das medidas de limitação da detenção provisória, os indivíduos detidos no contexto de comparecimentos imediatos, ou seja, a metade das prisões preventivas (40.000 a cada ano) — que, como é sabido, atingem prioritariamente os membros das classes populares e dos bairros relegados.[74] O que significa conceder aos mais pobres um forte "motivo para serem presos", inscrito na lei, e por deputados que se dizem de esquerda.

Tudo isso leva a pensar que, se os governantes tivessem a pachorra de ler os relatórios de estudo por eles encomendados (e sabe-se que a equipe atualmente no poder na França é grande "consumidora" desses relatórios), talvez evitassem ao país falsos debates nocivos. Quem, seriamente, pode de fato acreditar que prender algumas centenas de jovens a mais (ou a menos) mudará o que quer que seja no problema que insistem até mesmo em se recusar a nomear: o aprofundamento das desigualdades e a generalização da precariedade salarial e social sob o efeito das políticas de desregulamentação e da deserção econômica e urbana do Estado?

Alarde e sensacionalismo midiáticos

"Alta de 2,06% nos crimes e delitos. Grande aumento da delinquência de menores": é com esse título estarrecedor que a edição do *Libération* de 13-14 de fevereiro de 1999 alerta seus leitores para a preocupante escalada da delinquência juvenil. Uma "alta" anual tão ridiculamente fraca — pode-se imaginar por um instante uma manchete como "A inflação está em forte alta de 2,06% ao ano"? — pode ser um simples erro de avaliação ou o efeito de uma ligeira variação no empenho da polícia em registrar as infrações (com uma criminalidade inalterável, até mesmo em declínio), ou ainda a consequência de uma flutuação do efetivo das faixas etárias propenso ao crime. E ela provavelmente desapareceria caso se recalculasse o índice de infrações levando em conta, ao nível do denominador (dentro da população total desse determinado ano), o forte e inusitado afluxo de turistas e a multiplicação dos eventos "de rua" e situações de massa (ambos bastante propícios à pequena delinquência) ocasionados pela Copa do Mundo. Do mesmo modo, o aumento do número de menores incriminados (o qual somos informados adiante que é de 11,23% sem que saibamos se isso reflete também o número de fatos imputados) em parte se deve a que a polícia transmite mais sistematicamente aos fiscais os dossiês que incriminam adolescentes.

Observemos de passagem a idolatria pelos números, que leva a que coloquem numa manchete da imprensa uma percentagem de duas casas depois da vírgula, quando nem ao menos se está seguro da significação dos dois algarismos *antes* da vírgula. Mas todos os jornais espalhavam já havia vários dias o rumor desse "aumento", rumor criado para justificar previamente as medidas repressivas que o governo no poder preparava-se então para tomar, com o objetivo evidente de atrair os favores de uma parcela do eleitorado de direita, e sobretudo dos simpatizantes de uma Frente Nacional em crise aberta. A coincidência espontânea entre a visão jornalística do "problema" e aquela projetada pelos Ministérios seria tamanha que tornasse *impensável* colocar a manchete: "A delinquência não se alterou em 1998: o inexplicável pânico do governo"?

Esse "forte aumento" de 2,06% é de fato totalmente imperceptível no cotidiano, uma vez que corresponde a um crescimento superior a apenas uma infração para cada 1.000 habitantes, o índice de criminalidade tendo passado de 59,72 para 60,96 a cada 1.000. Só que, justamente, fazendo alarde em torno de tais estatísticas — em lugar, por exemplo, de explicar como são feitas e lembrar na ocasião seus limites de confiabilidade —, as mídias contribuem para alimentar a *sensação* de que a delinquência, como uma maré, sobe inexoravelmente. Para em seguida "constatar" essa sensação e nela ver a comprovação empírica do crescimento irresistível da criminalidade a partir do qual criam suas manchetes e o instrumento do aumento de suas vendas.

Ao preço de uma dupla projeção cruzada das pré-noções nacionais dos dois países considerados, essa americanóloga que goza dos favores do Ministério do Interior[75] consegue ao mesmo tempo transplantar a mitologia norte-americana do gueto como território de desamparo (ao invés de como instrumento de *dominação racial*, o que não tem muita coisa a ver)[76] para os bairros de concentração de alojamentos sociais do hexágono* e introduzir à força, na ficção administrativa francesa do "bairro sensível", os territórios guetificados de Nova York e Chicago. Daí uma série de balanços sucessivos que se arvoram em análise, ao ritmo dos quais os Estados Unidos são utilizados não como elemento de uma comparação metódica que logo mostraria que a pretensa "escalada inexorável" da "violência urbana" é antes de tudo uma temática político-midiática visando facilitar a redefinição dos problemas sociais em termos de segurança,[77] mas, alternadamente, um espantalho e um modelo a imitar, nem que seja por precaução. Brandindo num primeiro momento o espectro da "convergência", os Estados Unidos servem para suscitar o horror — o gueto, em nossa casa nunca! — e dramatizar o discurso a fim de melhor justificar o controle policial de "bairros inteiros". Só resta portanto entoar o bordão tocquevilliano da iniciativa cidadã, amplificado dessa vez na escala do globo (pois, graças à globalização, "habitantes de todo o planeta descobriram uma identidade comum, a de resistentes pela democracia"...) para justificar a importação pela França das técnicas locais norte-americanas de manutenção da ordem.

Ao cabo de uma dissertação para estudantes de ciência política sobre o batido tema da "cidade como laboratório social", o "desafio da pós-cidade" e (para soar verdadeiramente científico) "a criminalidade operacional em um mundo fractal", sobre a qual o autor afirma — sem rir — que "o script foi tirado das teorias matemáticas de Mandelbaum sobre a fractalização", Body-Gendrot dispara esta interessante conclusão, que parece saída direto de um *luncheon forum* do Manhattan Institute: não obstante a "tendência tradicionalista [*force regalienne*] francesa" que "protela" lamentavelmente a "transformação das mentalidades", "*os governantes se rendem progressivamente à evidência*: a gestão de proximidade dos proble-

---

* Como também é conhecido o território da França, devido à sua forma. (N.T.)

mas deve ser desenvolvida, as brigadas de polícia para menores, reforçadas, a formação dos policiais, intensificada, os pais, responsabilizados penalmente", e "todo ato delinquente de menor, punido de maneira sistemática, rápida e transparente".[78] Uma evidência doravante partilhada em Nova York, Londres e Paris e que a cada dia se impõe um pouco mais nas outras capitais europeias por efeito de imitação — até a Suécia se pergunta hoje se não deveria se infligir a "tolerância zero" a fim de se colocar no diapasão dos vizinhos.

Em suma, *As cidades diante da insegurança* chega no momento oportuno para ratificar a deserção do Estado social (e econômico) e legitimar o fortalecimento do Estado penal nos bairros, outrora operários, sacrificados no altar da modernização do capitalismo francês. Como a maior parte das obras sobre a sensação de "insegurança", as "incivilidades" e a "violência urbana" em voga ultimamente, esse livro é parte integrante do próprio fenômeno que pretende explicar: longe de analisá-lo, contribui para a construção política de uma penalização reforçada e ostensiva, encarregada de conter as desordens causadas pela generalização do desemprego, do subemprego e do trabalho precário.

"Violência urbana" e violência carcerária

Por ocasião do debate parlamentar de março de 1999 sobre o projeto de lei "reforçando a presunção de inocência e os direitos das vítimas", a ministra da Justiça Elisabeth Guigou opõe-se com firmeza a uma emenda que pretende alinhar as normas da detenção provisória para os comparecimentos imediatos àquela que rege os processos de instrução: "*Nós nos privaríamos de uma ferramenta eficaz de luta contra a violência urbana*. Imaginem que, com essa emenda, não se poderia determinar a detenção provisória dos autores das depredações cometidas no início deste ano em Grenoble" (onde jovens atacaram diversos ônibus). A deputada socialista de Seine-Saint-Denis, Véronique Neiertz, radicaliza essa posição, com o apoio de seu colega comunista André Guérin: "Isso seria arruinar os esforços desenvolvidos nas cidades." Ao que o ex-advogado socialista Arnaud de Montebourg acrescenta: "Conheço o comparecimento imediato porque me iniciei com ele. Somos então confrontrados a uma extrema violência, a situações de terrível miséria. Mas o comparecimento imediato é uma necessidade" — e com ele, ao que parece, a ordem de prisão urgente dos supostos responsáveis pelos distúrbios.

Como se o mundo político passasse de repente a girar ao contrário, é um deputado de direita, Pierre Albertini, da UDF (Union pour la Démocratie Française), que, por puro deleite verbal, coloca mais energia em defender essa emenda votada pela comissão legislativa de maioria socialista: "Não se pode elaborar uma política penal pensando em alguns atos de delinquência urbana, por mais dolorosos que sejam." E lembra que até pouco tempo antes isso era uma evidência "de esquerda", senão de bom senso: "Seria preferível agir sobre a causa dessa violência."[79] Nada foi feito, e a emenda foi rejeitada por insistência do governo. Até o jornal *Le Monde*, sobre o qual o mínimo que se pode dizer é que não defende posições inovadoras sobre esses assuntos, vê-se obrigado a estampar: "O argumento da 'segurança' prevaleceu sobre o tema do comparecimento imediato."[80]

Resultado: os habitantes das cidades em decadência serão beneficiados com um esforço suplementar de encarceramento por parte do Estado: uma política de "ação afirmativa" a respeito da prisão que, se não se aproxima pela amplitude, não é muito diferente em seu princípio e suas modalidades daquela que atinge os negros do gueto nos Estados Unidos. À "terrível miséria" dos bairros deserdados, o Estado responderá não com um fortalecimento de seu compromisso social, mas com um endurecimento de sua intervenção penal. À violência da exclusão econômica, ele oporá a violência da exclusão carcerária.

Designa-se geralmente pela expressão "*Washington consensus*" a panóplia de medidas de "ajuste estrutural" impostas pelos provedores de fundos internacionais como condição para ajuda aos países endividados (com os resultados desastrosos recentemente constatados na Rússia e na Ásia) e, por extensão, as políticas econômicas neoliberais que triunfaram nos países capitalistas avançados ao longo das últimas duas décadas: austeridade orçamentária e regressão fiscal, contenção dos gastos públicos, privatização e fortalecimento dos direitos do capital, abertura ilimitada dos mercados financeiros e dos intercâmbios, flexibilização do trabalho assalariado e redução da cobertura social.[81] Convém doravante estender esta noção a fim de nela englobar o tratamento punitivo da insegurança e da marginalidade sociais que são as consequências lógicas dessas políticas. E, assim como os governos socialistas da França desempenharam um papel determinante, em meados dos anos 1980, na legitimação internacional da *submissão ao mercado*, a equipe de Lionel Jospin hoje se vê colocada numa posição estratégica para normalizar, conferindo-lhe um aval "de esquerda", a gestão policial e carcerária da miséria.

II. Do Estado-providência ao Estado-penitência: realidades norte-americanas, possibilidades europeias

Se o vento punitivo vindo do outro lado do Atlântico sopra tão forte pelo velho continente, é porque, assim como nos mais belos dias do pós-guerra, as elites políticas, o patronato e os "formadores de opinião" da Europa consagram hoje aos Estados Unidos uma fascinação invejosa, que se deve essencialmente ao desempenho de sua economia.[1] A chave da prosperidade norte-americana, e a solução para o desemprego de massa, residiria numa fórmula simples, para não dizer simplista: menos Estado. É verdade que os Estados Unidos — e depois deles o Reino Unido e a Nova Zelândia — reduziram fortemente seus gastos sociais, virtualmente erradicaram os sindicatos e podaram vigorosamente as regras de contratação, de demissão (sobretudo), de modo a instituir o trabalho assalariado dito flexível como verdadeira norma de emprego, até mesmo de cidadania, via a instauração conjunta de programas de trabalho forçado (*workfare*) para os beneficiários de ajuda social.[2] Os partidários das políticas neoliberais de desmantelamento do Estado-providência gostam de frisar como essa "flexibilização" estimulou a produção de riquezas e a criação de empregos. Estão menos interessados em abordar as consequências sociais devastadoras do *dumping social* que elas implicam: no caso, a precariedade e a pobreza de massa, a generalização da insegurança social no cerne da prosperidade encontrada e o crescimento vertiginoso das desigualdades, o que alimenta segregação, criminalidade e o desamparo das instituições públicas.

Às vezes se esquece um pouco rápido: os opulentos Estados Unidos, que estão prestes a "cruzar a ponte rumo ao século

XXI" sob as exortações entusiásticas de William Jefferson Clinton, contam oficialmente com 35 milhões de pobres, *para uma taxa de pobreza duas ou três vezes maior que a dos países da Europa ocidental* e que atinge sobretudo as crianças — para cada cinco crianças americanas de menos de seis anos, uma cresce na miséria e uma em duas entre a comunidade negra. A população oficialmente considerada como "muito pobre", ou seja, sobrevivendo com menos de 50% da quantia do "limite de pobreza" federal (limite regularmente reduzido ao longo dos anos), dobrou entre 1975 e 1995 para atingir 14 milhões de pessoas, e o fosso econômico que a separa do restante do país não cessa de se alargar.[3]

Esses americanos "de baixo" não podem contar com o sustento do Estado, uma vez que as verbas sociais destinadas às famílias pobres são as menores dos grandes países industrializados (depois da Austrália e da África do Sul) e alcançaram seu mínimo desde 1973. Assim, a principal ajuda social (AFDC, subsídio para as mães solteiras) caiu 47% em valor real entre 1975 e 1995, ao passo que sua taxa de cobertura se reduziu a menos da metade das famílias monoparentais, contra os dois terços que abrangia no início do período. Em 1996, esse programa foi substituído por um dispositivo que fixa uma cota de cinco anos de ajuda acumulados em uma vida e que torna o emprego sub-remunerado uma condição para a previdência, embora não crie nenhum emprego, ao passo que corta em um quinto os orçamentos de ajuda.[4] Quarenta e cinco milhões de americanos (dos quais 12 milhões de crianças) estão desprovidos de cobertura médica, embora o país gaste mais do que todos os seus rivais em matéria de saúde. Trinta milhões sofrem de fome e desnutrição crônicas. Sete milhões vivem na rua ou sem abrigo adequado, depois que as verbas federais alocadas para o âmbito social foram reduzidas em 80%, desprezando-se a inflação da década de 1980.

Contrariamente à imagem cor-de-rosa projetada pelas mídias nacionais e suas dóceis sucursais no exterior, os americanos desafortunados tampouco podem se apoiar no mercado de trabalho para melhorar suas condições de vida. Se levarmos em conta pessoas desestimuladas e assalariados intermitentes e grosseiramente subempregados (basta trabalhar uma pequena hora ao longo da semana da pesquisa para ser eliminado das estatísticas da "população em busca de emprego"), os índices de desemprego efetivo, segundo a própria declaração do Ministério do Trabalho, estão mais próximos de 8 do que de 4%, e ultrapassam comodamente 30 a 50% nos bairros segregados das grandes cidades. Além disso, um terço dos assalariados americanos ganha muito pouco para transpor o "limite de pobreza" oficial, ou seja, 15.150 dólares por ano para uma família de quatro pessoas. É verdade que o salário mínimo de 1997 é inferior em 20% ao de 1967 em valor real, e que a remuneração horária média *caiu* 16% entre 1979 e 1995 para os operários e 12% para os empregados de serviços (no caso, homens). A criação de empregos é decerto um sucesso em termos de volume bruto, mas foi feita em detrimento dos trabalhadores pouco qualificados: estes últimos ganham em média 44% *menos* que seus homólogos europeus, não dispondo, em sua maioria, nem de cobertura médica (para dois terços entre eles), nem de aposentadoria (quatro casos em cinco), ao passo que trabalham em média cinco semanas a mais por ano.

De fato, os frutos do crescimento americano das duas últimas décadas foram abocanhados por uma minúscula casta de privilegiados: 95% do saldo de 1,1 trilhão de dólares gerado entre 1979 e 1996 caíram nas algibeiras dos 5% mais ricos dos americanos.[5] Daí a desigualdade dos salários e dos rendimentos, como dos patrimônios, encontrar-se hoje em seu nível mais alto desde a Grande Crise. Em 1998, o diretor de uma grande firma norte-americana típica ganhava 10,9 milhões de dólares anuais, ou seja, seis vezes mais do que em 1990, ao passo que, mesmo com a prosperidade alcançada, o salário operário médio não aumentou no período senão 28%, isto é, apenas ao ritmo da inflação, para estacionar em 29.267 dólares. Como consequência, os diretores de empresas ganham hoje 419 vezes mais do que os trabalhadores braçais, contra "apenas" 42 vezes uma década atrás (essa defasagem eleva-se atualmente a 20 contra um e 35 contra um no Japão e na Grã-Bretanha, respectivamente).[6] A remuneração dos quadros de direção americanos atingiu tais pincaros, sobretudo por intermédio dos "estoques opcionais", que até mesmo os chantres midiáticos do capitalismo selvagem, como *Business Week* e *Wall Street*, se queixam da rapacidade e da prosperidade dos dirigentes de empresa nativos.

O encerramento dos pobres nos Estados Unidos

Não basta, porém, medir os custos sociais e humanos diretos do sistema de insegurança social que os Estados Unidos oferecem como "modelo" para o mundo. É preciso também considerar seu complemento sócio-lógico: o superdesenvolvimento das instituições que atenuam as carências da proteção social (*safety net*) implantando nas regiões inferiores do espaço social uma rede policial e penal (*dragnet*) de malha cada vez mais cerrada e resistente. Pois à *atrofia deliberada do Estado social corresponde a hipertrofia distópica do Estado penal*: a miséria e a extinção de um têm como contrapartida direta e necessária a grandeza e a prosperidade insolente do outro. A esse respeito, cinco tendências de fundo caracterizam a evolução penal nos Estados Unidos desde a virada social e racial esboçada no início dos anos 1960, em resposta aos avanços democráticos provocados pelo levante negro e pelos movimentos populares de protesto que vieram em sua esteira (estudantes, oponentes à guerra do Vietnã, mulheres, ecologistas, benficiários da ajuda social) durante a década precedente.[7]

1. A expansão vertical do sistema ou a hiperinflação carcerária

A primeira dessas tendências é o crescimento fulgurante das populações aprisionadas nos três escalões do aparelho carcerário americano, ou seja, nas casas de detenção das cidades e condados, nas centrais dos 50 estados da União e nas penitenciárias federais. Durante os anos 1960, a demografia penitenciária do país se inclinara para a baixa, de modo que, em 1975, o número de detentos caiu para 380.000, depois de um decréscimo lento mas regular de cerca de 1% ao ano. Debatia-se então sobre "desencarceramento", penas alternativas e sobre reservar a reclusão apenas para os "predadores perigosos" (isto é, 10 a 15% dos criminosos). Alguns chegavam a anunciar com audácia o crepúsculo da instituição carcerária — um livro expressa bem, com seu título utópico, o *mood* dos especialistas penais naquele momento: "Uma nação sem prisões".[8] Mas a curva da população carcerária iria se inverter bruscamente, e logo dispararia: 10 anos mais tarde, os efetivos encarcerados haviam saltado para 740.000 antes de superar 1,5 milhão em 1995 para roçar os dois milhões no final de 1998, ao preço de um crescimento de quase 8% durante a década de 1990.[9] Se fosse uma cidade, o sistema carcerário norte-americano seria hoje a quarta maior metrópole do país.

Essa triplicação da população penitenciária em 15 anos é um fenômeno sem precedentes nem comparação em qualquer sociedade democrática, ainda mais por ter se operado durante um período em que a criminalidade permanecia globalmente constante e depois em queda.[10] Cabe aos Estados Unidos estar bem mais à frente do que as outras nações avançadas, na medida em que seus índices de encarceramento — perto de 650 detentos para cada 100.000 habitantes em 1997 — são seis a 12 vezes superiores aos dos países da União Europeia, ao passo que se situavam em um espectro de um a três há 30 anos (ver TABELA 1). Apenas a Rússia, cujo índice dobrou desde a derrocada do império soviético para se aproximar de 750 para cada 100.000, está hoje em condições de disputar com os Estados Unidos o título de campeão mundial do encarceramento.

TABELA 1
O encarceramento nos Estados Unidos
e na União Europeia em 1997

País	Quantidade de prisioneiros	Índice para cada 100.000 habitantes
Estados Unidos	1.785.079	648
Portugal	14.634	145
Espanha	42.827	113
Inglaterra/Gales	68.124	120
França	54.442	90
Holanda	13.618	87
Itália	49.477	86
Áustria	6.946	86
Bélgica	8.342	82
Dinamarca	3.299	62
Suécia	5.221	59
Grécia	5.557	54

Fonte: Bureau of Justice Statistics, *Prison and Jail Inmate at Mid-Year 1998*, Washington, Government Printing Office, mar 1999, para os Estados Unidos; Pierre Tournier, *Statistique pénale annuelle du Conseil de l'Europe, Enquête 1997*, Estrasburgo, Conselho da Europa, no prelo, para a União Europeia

Na Califórnia, ainda há pouco líder nacional em matéria de educação e saúde públicas, reconvertida desde então à "carceragem total", o número dos detentos consignados apenas nas prisões do Estado passou de 17.300 em 1975 para 48.300 em 1985, e, 13 anos mais tarde, ultrapassou os 160.000. Se lhes acrescentarmos os efetivos das casas de detenção — só a do condado de Los Angeles, o maior estabelecimento penal do mundo, contém cerca de 23.000 reclusos —, atinge-se o total assombroso de 200.000 almas, ou seja, quatro vezes a população penitenciária da França para apenas 33 milhões de habitantes.

Embora o *Golden State* tenha implantado nos anos 1980 "o maior programa de construção de prisões da história" (como se vangloriava seu governador), inaugurando 21 novas penitenciárias em uma década, seus prisioneiros se abarrotam em um superpovoamento alarmante, uma vez que a taxa de ocupação beira os 200%. Ao ponto de um recente relatório da administração penitenciária comparar as condições de detenção nos estabelecimentos penais californianos com as que prevaleciam em Attica na véspera dos sangrentos motins de 1972, que fizeram dessa penitenciária o símbolo da brutalidade carcerária.

O assombroso crescimento do número de presos na Califórnia, como no resto do país, explica-se, em três quartos, pelo encarceramento dos pequenos delinquentes e, particularmente, dos toxicômanos. Pois, contrariamente ao discurso político e midiático dominante, as prisões americanas estão repletas não de criminosos perigosos e violentos, mas de vulgares condenados pelo direito comum por negócios com drogas, furto, roubo, ou simples atentados à ordem pública, em geral oriundos das parcelas precarizadas da classe trabalhadora e, sobretudo, das famílias do subproletariado de cor das cidades atingidas diretamente pela transformação conjunta do trabalho assalariado e da proteção social. De fato, em 1998, a quantidade de condenados por contenciosos *não violentos* reclusos nas casas de detenção e nos estabelecimentos penais dos Estados Unidos rompeu sozinha a cifra simbólica do milhão. Nas prisões dos condados, seis penintenciários em cada 10 são negros ou latinos; menos da metade tinha emprego em tempo integral no momento de ser posta atrás das grades e dois terços provinham de famílias dispondo de uma renda inferior à metade do "limite de pobreza".[11]

2. *A extensão horizontal da rede penal*

No entanto, o assombroso número de presos deste fim de século não dá uma justa medida da extraordinária expansão do império penal americano. Por um lado, não leva em conta pessoas condenadas à prisão com sursis (*probation*) e colocadas em liberdade condicional (*parole*), depois de terem cumprido a maior parte de sua pena. Ora, os efetivos mantidos nas antecâmaras e nos bastidores das prisões cresceram ainda mais rápido do que os que mofam entre seus muros, em virtude da impossibilidade de aumentar o parque carcerário suficientemente rápido para absorver o afluxo incessante dos condenados: eles quase quadruplicaram em 16 anos, para roçar os quatro milhões em 1997, ou seja, 3,26 milhões em *probation* e 685.000 em *parole*. De modo que contam-se hoje 5,7 milhões de americanos nas "mãos da Justiça", número que representa quase 5% dos homens de mais de 18 anos e um homem negro em cada cinco (logo veremos por quê).

Por outro lado, além das penas ditas intermediárias, tais como a prisão domiciliar ou em um centro disciplinar (*boot camp*), dos "testes intensivos" e da vigilância telefônica ou eletrônica (com a ajuda de grampos e outros dispositivos técnicos), a autoridade do sistema penal se ampliou consideravelmente, graças à proliferação dos bancos de dados criminais e à decuplicação dos meios e dos pontos de controle à distância que estes permitem. Nos anos 1970 e 1980, sob impulso da Law Enforcement Administration Agency, organismo federal encarregado de ativar a luta contra a criminalidade depois que esta se converteu em tema-fetiche dos políticos em campanha, as polícias, tribunais e administrações penitenciárias dos 50 estados implantaram bancos de dados centralizados e informatizados, que já proliferaram em todas as direções.

Resultado da nova sinergia entre as funções de "captura" e de "observação" do aparelho penal,[12] existem hoje perto de 55 milhões de "fichas criminais" (contra 35 milhões há uma década), referentes a cerca de 30 milhões de indivíduos, ou seja, quase um terço da população adulta masculina do país! Têm acesso a esses bancos de dados não apenas as administrações públicas, como o FBI ou o INS (encarregado da fiscalização dos estrangeiros) e os serviços sociais, mas também, em certos casos, as pessoas e os organismos privados. Esses "*rap sheets*" são corriqueiramente utilizados, por exemplo, pelos empregadores para descartar os aspirantes a emprego com antecedentes. E não importa que os dados que aí figuram sejam frequentemente incorretos, prescritos ou anódinos, até mesmo ilegais. Sua circulação coloca não apenas os criminosos e os simples suspeitos de delito na alça de mira do aparelho policial e penal, mas também suas famílias, seus amigos, seus vizinhos e seus bairros. A tal ponto que uma dúzia de estados, entre os quais Illinois, Flórida e Texas, disponibilizou esses arquivos em sites da Internet, o que permite a qualquer um ter acesso, sem o menor controle ou justificação, ao prontuário judicial de um condenado.

Os próprios arquivos "à moda antiga", com base em impressões digitais e fotografias, estão em vias de ser suplantados pelo desenvolvimento exponencial do fichamento genético. Em outubro de 1998, o FBI colocou oficialmente em funcionamento um banco de dados nacional contendo o perfil de DNA de centenas de milhares de condenados à reclusão e no qual logo será inserido o conjunto das amostras de saliva e de sangue coletadas pelas administrações penitenciárias dos membros da União. Na primavera de 1999, dando sequência à proposta do chefe da polícia de Nova York, sempre às voltas com orçamentos capazes de lhe permitir manter a reputação planetária de sua cidade como meca da manutenção da ordem, a ministra da Justiça Janet Reno encarregou um grupo de peritos governamentais, a National Commission on The Future of DNA Evidence, de estudar a possibilidade de estender o fichamento genético dos criminosos comprovados ao conjunto das pessoas detidas pela polícia, ou seja, cerca de 15 milhões de americanos por ano.

Uma última transformação, ao mesmo tempo qualitativa e quantitativa, acaba de apertar o laço do nó penal em torno das parcelas da classe trabalhadora desestabilizadas pela escalada do trabalho assalariado precário e o desmoronamento da proteção social: o cancelamento das liberdades antecipadas e a transformação da liberdade condicional em dispositivo policial adotado não mais para ajudar os antigos detentos a se reinserir, mas para recapturar o maior número possível deles submetendo-os a uma vigilância intensiva e uma disciplina meticulosa (sobretudo por intermédio da revista semanal em busca de drogas, que se tornou a principal atividade dos agentes de *probation* em muitas jurisdições). Na Califórnia, por exemplo, o número dos ex-detentos em condicional devolvidos para trás das grades passou de 2.995 em 1980 para 75.400 em 1996, dos quais a esmagadora maioria (58.000) em consequência de uma simples revogação administrativa por não cumprimento das condições de sua liberação. Entre 1985 e 1997, a percentagem de *parolees* [liberdade condicional sob palavra] que passaram com êxito pela prova a nível nacional despencou de 70 para 44%.[13] Essa mudança de objetivo e de resultado traduz o abandono do ideal da reabilitação, depois das críticas cruzadas da direita e da esquerda na década de 1970 e de sua substituição por uma "nova penalogia", cujo objetivo não é mais nem prevenir o crime, nem tratar os delinquentes visando o seu eventual retorno à sociedade uma vez sua pena cumprida, mas *isolar grupos considerados perigosos e neutralizar seus membros mais disruptivos* mediante uma série padronizada de comportamentos e uma gestão aleatória dos riscos, que se parecem mais com uma investigação operacional ou reciclagem de "detritos sociais" que com trabalho social.[14]

3. O crescimento excessivo do setor penitenciário no seio das administrações públicas

Meio e consequência dessa bulimia carcerária: o inchamento espetacular do setor penal no seio das administrações federal e locais. Essa terceira tendência é ainda mais notável, na medida em que se afirma em um período de vacas magras para o setor público. Entre 1979 e 1990, os gastos penitenciários dos estados cresceram 325% a título do funcionamento e 612% no capítulo da construção, ou seja, três vezes mais rápido do que os créditos militares a nível federal, que todavia gozaram de favores excepcionais sob as presidências de Ronald Reagan e George Bush. Desde 1992, quatro estados destinavam mais de um bilhão de dólares ao sistema carcerário: a Califórnia (3,2 bilhões), o estado de Nova York (2,1), o Texas (1,3) e a Flórida (1,1). No total, em 1993, os Estados Unidos gastaram 50% a mais com suas prisões que com sua administração judiciária (32 bilhões de dólares contra 21), ao passo que os orçamentos dessas duas administrações eram idênticos 10 anos antes (em torno de sete bilhões cada uma). E, a partir de 1985, os créditos para funcionamento das penitenciárias superaram anualmente o montante destinado ao principal programa de ajuda social, Aid to Families with Dependent Children (AFDC), ou, ainda, as somas destinadas à ajuda alimentar às famílias pobres (Food Stamps).

Essa política de expansão do setor penal não é apanágio dos republicanos. Durante os últimos cinco anos, enquanto Bill Clinton proclamava aos quatro cantos do país seu orgulho por ter posto fim à era do *"big government"* e que, sob o comando de seu sucessor esperado, Albert Gore Junior, a Comissão de Reforma do Estado Federal dedicou-se a suprimir programas e empregos públicos, 213 novas prisões foram construídas — número que exclui os estabelecimentos privados que proliferaram com a abertura de um lucrativo mercado privado de carceragem. Ao mesmo tempo, o número de empregados apenas nas prisões federais e estaduais passava de 264.000 para 347.000, dos quais 221.000 eram guardas carcerários. No total, a "penitenciária" contava mais de 600.000 empregados em 1993, o que fazia dela *o terceiro empregador* do país, atrás apenas da General Motors, primeira firma no mundo por sua cifra de negócios, e a cadeia de supermercado internacional Wal-Mart.[15] De fato, segundo o Bureau do Censo, a formação e contratação de guardas de prisão é, de todas as atividades do governo, a que cresceu mais rápido durante a década passada.

> O orçamento da administração penitenciária da Califórnia subiu de menos de 200 milhões de dólares em 1975 para mais de 4,3 bilhões em 1999 (isso não é um erro de imprensa, é efetivamente 22 vezes mais) e supera desde 1994 aquele destinado às universidades públicas, por muito tempo tidas como a joia do estado. Os guardas californianos eram menos de seis

mil quando Ronald Reagan entrou na Casa Branca; hoje são mais de 40 mil a trabalhar nas penitenciárias do *Golden State*. Efetivos aos quais se acrescentam 2.700 *parole officers* encarregados de supervisionar os 107.000 em liberdade condicional, contratados por 131 escritórios em 71 localidades. Seu salário médio era de 14.400 dólares por ano em 1980; eleva-se atualmente a 55.000 dólares, ou seja, 30% a mais que um professor assistente na Universidade da Califórnia. Em uma década, a Califórnia engoliu 5,3 bilhões de dólares construindo e renovando celas, e contratou mais de 10 bilhões de dólares de dívidas obrigatórias para fazê-lo. Cada novo estabelecimento custa em média a bagatela de 200 milhões de dólares para 4.000 detentos e requer a contratação de mil guardas. Nesse período, as autoridades não conseguiram verbas necessárias para inaugurar um novo campus universitário, promessa de longa data, a fim de dar vazão ao aumento contínuo da quantidade de estudantes.

Em período de penúria fiscal, resultado da forte baixa dos impostos para as empresas e as classes superiores, o aumento dos orçamentos e do pessoal destinados ao sistema carcerário só foi possível ao se amputarem as somas destinadas às ajudas sociais, à saúde e à educação. Assim, enquanto os créditos penitenciários do país aumentavam 95% em dólares constantes entre 1979 e 1989, o orçamento dos hospitais estagnava, o dos liceus diminuía em 2% e o da assistência social, em 41%.[16] Os Estados Unidos fizeram a escolha de construir para seus pobres casas de detenção e estabelecimentos penais em lugar de dispensários, creches e escolas. Um exemplo: no período de uma década (1988-98), o estado de Nova York aumentou seus gastos carcerários em 76% e cortou os fundos do ensino universitário em 29%. O montante bruto em dólares é praticamente equivalente: 615 milhões a menos para o campus da State University of New York e 761 milhões a mais para as prisões — e mais de um bilhão caso se contabilizem os 300 milhões aprovados separadamente para a construção urgente de 3.100 locais de detenção suplementares.[17] Assim como na Califórnia, as curvas dos dois orçamentos se cruzaram em 1994, ano da eleição do governo republicano George Pataki, uma de cujas primeiras medidas, com o restabelecimento da pena de morte, foi aumentar os custos anuais de matrícula universitária em 750 dólares, o que acarretou no começo do ano letivo seguinte um retraimento de mais de 10 mil estudantes matriculados.

Todavia, o peso financeiro do encarceramento em massa como política de "luta contra a pobreza" mostra-se exorbitante, em virtude do aumento contínuo e do envelhecimento acelerado da população penitenciária, assim como do proibitivo custo unitário de detenção: na Califórnia, cada prisioneiro significa 22.000 dólares por ano, ou seja, 3,3 vezes o montante do subsídio AFDC destinado a uma família de *quatro* pessoas. Para reduzir isso, quatro técnicas são empregadas pelas autoridades. A primeira consiste em diminuir o nível de vida e de serviços no seio dos estabelecimentos penitenciários, limitando ou suprimindo os "privilégios" concedidos a seus prisioneiros, tais como ensino, esporte, entretenimentos e atividades voltadas para a reinserção, já rebaixadas a uma posição ridícula (menos de 5% do orçamento do sistema carcerário na Califórnia).[18] A segunda parte da inovação tecnológica, em matéria de vídeo, informática, biometria, telemedicina etc., para melhorar a produtividade da vigilância. Uma terceira estratégia visa transferir uma parte dos custos da carceragem para os presos e suas famílias: como consequência, duas dezenas de estados e várias dezenas de condados urbanos "faturam" a jornada de detenção de seus prisioneiros, cobram "gastos com documentação", fazem as refeições serem pagas e impõem um pedágio para se ter acesso à enfermaria, assim como diversos adicionais para o acesso aos serviços do estabelecimento (lavanderia, oficina, eletricidade, telefone etc.). Alguns não hesitam em arrastar seus antigos detentos para diante dos tribunais a fim de cobrar as dívidas que estes últimos contraíram por sua conta quando cumpriam sua pena de reclusão.

A quarta técnica, bastante promissora, consiste em reintroduzir o trabalho desqualificado *em massa* no seio das prisões. Naturalmente, o trabalho assalariado já existe nos estabelecimentos penais do país, e as grandes empresas americanas, entre as mais conhecidas, como Microsoft, TWA, Boeing e Konika, já recorrem frequentemente a ele — ainda que seja através de subcontratos a fim de evitar a publicidade negativa.[19] Mas ele só diz respeito atualmente a um detido sobre 15, em razão de exigências legais severas que pesam sobre as indústrias penitenciárias. Diversos projetos de lei recentes têm justamente como objetivo suprimir esses entraves, pois muitos especialistas consideram o desenvolvimento do trabalho assalariado carcerário a fonte mais importante de fazer economia. E, desde o momento em que se impõe aos pobres de fora a obrigação de trabalhar pelo viés do *workfare*, é lógico impô-lo também a esses pobres "de dentro". Um último método para diminuir o custo assombroso da transição do Estado social para o Estado penal estende à justiça a ideologia da mercantilização, que já guia o endurecimento dos programas de assistência aos pobres: privatizar o encarceramento.

4. Ressurgimento e prosperidade da indústria privada carcerária

Desse modo, a expansão sem precedentes das atividades carcerárias do Estado americano foi acompanhada pelo desenvolvimento frenético de uma indústria privada da carceragem. Nascida em 1983, esta já conseguiu englobar perto de 7% da população carcerária (ou seja, 132.000 leitos contra cerca de 15.000 em 1990, cf. TABELA 2). Fortalecida com uma taxa de crescimento anual de 45%, sua fatia de mercado promete triplicar nos próximos cinco anos para se aproximar dos 350.000 detentos (sete vezes a população carcerária francesa). Dezessete firmas dividem aproximadamente 140 estabelecimentos espalhados em duas dezenas de estados, principalmente no Texas, Califórnia, Flórida, Colorado, Oklahoma e Tennessee. Algumas se contentam em gerir penitenciárias existentes, às quais fornecem pessoal de vigilância e serviços. Outras oferecem a gama completa dos bens e atividades necessários à detenção: concepção arquitetônica, financiamento, construção, manutenção, administração, seguro, empregados, e até mesmo o recrutamento e o transporte dos prisioneiros oriundos de outras jurisdições que alugam vagas para seus reincidentes. Pois também existe um florescente mercado de "importação-exportação" de detentos entre estados, alguns destes tendo excesso de presos e outros um excedente de celas.

TABELA 2
Número de lugares nas prisões privadas nos Estados Unidos

1983	0
1988	4.630
1993	32.555
1998	132.572
2001*	276.655

* Projeção
Fonte: *Private Adult Correctional Facility Census: Twelfth Edition*, Gainesville, Center for Studies in Criminology and Law, Universidade da Flórida, 1999

A partir do momento em que a Corrections Corporation of America, Correctional Services Corporation, Securicor (sediada em Londres) e Wackenhut entraram na bolsa, a indústria carcerária passou a ser um dos mimos de Wall Street. É verdade que o mercado de financiamento das prisões, públicas e privadas, movimenta cerca de quatro bilhões de dólares. E tem um grande futuro pela frente: durante apenas o ano de 1996, foi iniciada a construção de 26 prisões federais e 96 penitenciárias estaduais. A revista *Corrections Building News*, que publica a crônica desse setor de atividade, tem uma tiragem de cerca de 12 mil exemplares. A cada ano, a American Correctional Association, organismo semiprivado criado em 1870 que promove os interesses do setor, reúne profissionais e industriais do sistema carcerário para um grande "salão da carceragem" de cinco dias. Mais de 650 firmas expuseram seus produtos e serviços por ocasião do Congresso de Orlando em agosto de 1997: entre os artigos exibidos, algemas forradas e armas de assalto, fechaduras e grades infalíveis, mobiliário para celas tais como colchões à prova de fogo e toaletes em uma só peça, elementos cosméticos e alimentares, cadeiras imobilizantes e "uniformes de extração" (para arrancar de sua cela detentos recalcitrantes), cinturões eletrificados de descarga mortal, programas de desintoxicação para toxicômanos ou de "rearmamento moral" para jovens delinquentes, sistemas de vigilância eletrônica e de telefonia de ponta, tecnologias de detecção e de identificação, *softwares* de tratamento dos dados administrativos e judiciários, sistemas de purificação de ar antituberculose, sem esquecer as celas desmontáveis (instaladas numa tarde em um estacionamento a fim de absorver um afluxo imprevisto de detentos) e as "prisões chave na mão" e até uma caminhonete cirúrgica para operar de urgência no pátio penitenciário.

O crime compensa*

Vocês querem retornos sobre investimentos elevados mas desconfiam das ações supercotadas das grandes empresas (*blue chips*)? Uma opção particularmente atraente é nossa lista das companhias que crescem mais rapidamente, um grupo de pequenas e médias empresas de elite que têm tudo o que é necessário para fazer subir duradouramente suas ações. No ano passado, o dividendo médio das empresas que figuram na lista da *Fortune Magazine* era de 75%, praticamente o dobro do índice das empresas listadas no *Standard and Poor's*. Se recuarmos um pouco mais, as cifras de seu desempenho são decididamente assombrosas: em três anos, as ações de MacAfee Associates (em 15º lugar em nossa lista), que fabrica *softwares* antivírus, subiu 1.967%; as dos computadores Dell (em 47º lugar) aumentaram em 1.912%; e as da Corrections Corporation of America (na 67ª posição), que administra prisões privadas, foram valorizadas em 746%. Isso faz um monte enorme de prata.

* "Como enriquecer graças às empresas que crescem mais rapidamente", *Fortune Magazine*, 29 set 1997, p.72.

Ao mesmo tempo, a implantação das penitenciárias se afirmou como um poderoso instrumento de desenvolvimento econômico e de fomento do território. As populações das zonas rurais decadentes, em particular, não poupam esforços para atraí-las: "Já vai longe a época em que a perspectiva de acolher uma prisão lhes inspirava esse grito de protesto: *Not in my backyard*. As prisões não utilizam produtos químicos, não fazem barulho, não expelem poluentes na atmosfera e não despedem seus funcionários durante as recessões."[20] Muito pelo contrário, trazem consigo empregos estáveis, comércios permanentes e entradas regulares de impostos. A indústria da carceragem é um empreendimento próspero e de futuro radioso, e com ela todos aqueles que partilham do grande encerramento dos pobres nos Estados Unidos.

5. A política de "ação afirmativa carcerária"

Se a hiperinflação carcerária é acompanhada por uma extensão "lateral" do sistema penal e, portanto, de uma decuplicação de suas capacidades de arregimentação e de neutralização, é certo que essas capacidades se exercem prioritariamente sobre as famílias e os bairros deserdados, particularmente os enclaves negros das metrópoles. Como prova da quinta tendência-chave da evolução penitenciária norte-americana, temos o "escurecimento" contínuo da população detida, que faz com que, desde 1989 e pela primeira vez na história, os afro-americanos sejam majoritários entre os novos admitidos nas prisões estaduais, embora representem apenas 12% da população do país.

Em 1995, para cerca de 22 milhões de adultos, os negros forneciam um contingente de 767.000 detentos, 999.000 condenados colocados em liberdade vigiada e 325.000 outros em liberdade condicional, para uma taxa global de tutela penal de 9,4%. Entre os brancos, uma estimativa alta atribui uma taxa de 1,9% para 163 milhões de adultos, ou seja, cinco vezes menos.[21] No que diz respeito ao encarceramento *stricto sensu*, a defasagem entre as duas comunidades é de um a 7,5% e foi crescendo durante a década passada: 528 contra 3.544 para 100.000 adultos em 1985, 919 contra 6.926 10 anos mais tarde (ver TABELA 3). Em probabilidade acumulada na duração de uma vida, um homem negro tem mais de uma chance sobre quatro de purgar pelo menos um ano de prisão; e um latino, uma chance sobre seis, contra uma chance sobre 23 de um branco.

Essa "desproporção racial", como dizem pudicamente os criminologistas, é ainda mais pronunciada entre os jovens, primeiro alvo da política de penalização da miséria, uma vez que, a todo momento, mais de um terço dos negros entre 18 e 29 anos é ora detido, ora colocado sob a autoridade de um juiz de aplicação de penas ou de um agente de *probation*, ou ainda está à espera de enfrentar um tribunal. Nas grandes cidades, essa proporção ultrapassa frequentemente a metade, com picos em torno de 80% no seio do gueto. De modo que se pode descrever o funcionamento do sistema judiciário americano — segundo um vocábulo de triste memória tirado da guerra do Vietnã — como uma "missão de localização e destruição" da juventude negra.[22]

TABELA 3
Diferencial de encarceramento entre negros e brancos (incluindo latinos) em número de detentos para cada 100.000 adultos

	1985	1990	1995
Negros	3.544	5.365	6.926
Brancos	528	718	919
Diferença	3.016	4.647	6.007
Proporção	6,7	7,4	7,5

Fonte: Bureau of Justice Statistics, *Correctional Populations in the United States, 1995*, Washington Government Printing Office, 1997

Com efeito, o aumento rápido e contínuo da distância entre brancos e negros não resulta de uma súbita divergência em sua propensão a cometer crimes e delitos. Ele mostra acima de tudo o *caráter fundamentalmente discriminatório das práticas policiais e judiciais* implementadas no âmbito da política "lei e ordem" das duas últimas décadas. A prova: os negros representam 13% dos consumidores de droga (o que corresponde a seu peso demográfico) e, no entanto, um terço das pessoas detidas e três quartos das pessoas encarceradas por infração à legislação sobre drogas. Ora a "guerra à droga" lançada estrepitosamente por Ronald Reagan, e ampliada desde então por seus sucessores, é, com o abandono do ideal da reabilitação e a multiplicação dos dispositivos ultrarrepressivos (generalização do regime das penas fixas e irredutíveis, elevação do limite de execução das sentenças pronunciadas, perpetuidade automática no terceiro crime, punições mais rigorosas para os atentados à ordem pública), uma das causas mais importantes da explosão da população carcerária. Em 1995, seis novos condenados para cada 10 eram colocados atrás das grades por portar ou comerciar droga, e a esmagadora maioria dos presos por esse contencioso provinha de bairros pobres afro-americanos, pela simples razão de que "é mais fácil proceder a prisões nos bairros socialmente desorganizados, em contraste com os bairros operários estáveis ou os prósperos subúrbios de colarinhos-brancos".[23]

A prisão é, portanto, um domínio no qual os negros gozam de fato de uma "promoção diferencial", o que não deixa de ser uma ironia no momento em que o país vira as costas para os programas de *affirmative action* com vistas a reduzir as desigualdades raciais mais gritantes no acesso à educação e ao emprego. Resultado: em vários estados, como no de Nova York, o contingente de prisioneiros de cor é hoje nitidamente superior ao dos estudantes de cor inscritos nos *campi* das universidades públicas.[24] O controle punitivo dos negros do gueto pelo viés do aparelho policial e penal estende e intensifica a tutela paternalista já exercida sobre eles pelos serviços sociais. E permite explorar — e alimentar ao mesmo tempo — a hostilidade racial latente do eleitorado e seu desprezo pelos pobres, com um máximo rendimento midiático e político.[25]

O lugar da prisão no novo governo da miséria

No entanto, mais do que o detalhe dos números, é a lógica profunda dessa guinada do social para o penal que é preciso apreender. Longe de contradizer o projeto neoliberal de desregulamentação e falência do setor público, a irresistível ascensão do Estado penal americano é como se fora o negativo disso — no sentido de avesso mas também de revelador —, na medida em que traduz a implementação de uma política de criminalização da miséria que é complemento indispensável da imposição do trabalho assalariado precário e sub-remunerado como obrigação cívica, assim como o desdobramento dos programas sociais num sentido restritivo e punitivo que lhe é concomitante. No momento de sua institucionalização na América de meados do século XIX, "a reclusão era antes de tudo um método visando o controle das populações desviantes dependentes" e os detentos, principalmente pobres e imigrantes europeus recém-chegados ao Novo Mundo.[26] Em nossos dias, o aparelho carcerário americano desempenha um papel análogo com respeito aos grupos que se tornaram supérfluos ou incongruentes pela dupla reestruturação da relação social e da caridade do Estado: as frações decadentes da classe operária e os negros pobres das cidades. Ao fazer isso, ele assume um lugar central no sistema dos instrumentos de governo da miséria, na encruzilhada do mercado de trabalho desqualificado, dos guetos urbanos e de serviços sociais "reformados" com vistas a apoiar a disciplina do trabalho assalariado dessocializado.

1. Prisão e mercado de trabalho desqualificado. Em primeiro lugar, *o sistema penal contribui diretamente para regular os segmentos inferiores do mercado de trabalho* — e isso de maneira infinitamente mais coercitiva do que todas as restrições sociais e regulamentos administrativos. Seu efeito aqui é duplo. Por um lado, ele comprime artificialmente o nível do desemprego ao subtrair à força milhões de homens da "população em busca de um emprego" e, secundariamente, ao produzir um aumento do emprego no setor de bens e serviços carcerários, setor fortemente caracterizado por postos de trabalho precários (e que continua se elevando mais ainda com a privatização da punição). Estima-se assim que, durante a década de 1990, as prisões tiraram dois pontos do índice do desemprego americano. De fato, depois de Bruce Western e Katherine Beckett, uma vez levados em conta os diferenciais do índice de encarceramento entre os dois continentes, e contrariamente à ideia comumente aceita e ativamente propagada pelos chantres do neoliberalismo, os Estados Unidos exibiram um índice de desemprego *superior* ao da União Europeia em 18 dos últimos 20 anos (1974-94).[27]

Western e Beckett mostram todavia que a hipertrofia carcerária é um mecanismo de duplo efeito: se por um lado embeleza a curto prazo a situação do emprego diminuindo a oferta de trabalho, num prazo mais longo só pode agravá-la, tornando milhões de pessoas praticamente inempregáveis: "O encarceramento reduziu o índice de desemprego americano, mas a manutenção desse índice em um nível baixo será tributária da expansão ininterrupta do sistema penal." Daí o segundo efeito do encarceramento em massa sobre o mercado de trabalho (o qual ignoram Western e Beckett), que é o de acelerar o desenvolvimento do trabalho assalariado de miséria e da economia informal, produzindo incessantemente um grande contingente de mão de obra submissa disponível: os antigos detentos não podem pretender senão os empregos degradados e degradantes, em razão de seu status judicial infamante. E a proliferação das casas de detenção através do país — seu número triplicou em 30 anos, ultrapassando 4.800 — contribui diretamente para alimentar a difusão nacional e o aumento dos tráficos ilícitos (droga, prostituição, receptação), que são o motor do capitalismo de rapina de rua.

2. Prisão e perpetuação da ordem racial. A sobrerrepresentação maciça e crescente dos negros em todos os patamares do aparelho penal esclarece perfeitamente a segunda função assumida pelo sistema carcerário no novo governo da miséria nos Estados Unidos: substituir o gueto como instrumento de encerramento de uma população considerada tanto desviante e perigosa como supérflua, no plano econômico — os imigrantes mexicanos e asiáticos são bem mais dóceis — assim como no político — os negros pobres não votam, e o centro de gravidade eleitoral do país se deslocou de todas as maneiras dos centros decadentes das cidades para os bairros brancos abastados.

Nesse aspecto, a prisão é apenas a manifestação paroxística da lógica de exclusão da qual o gueto é o instrumento e o produto desde sua origem histórica. Durante o meio século (1915-65) dominado pela economia industrial fordista, para a qual os negros fornecem um aporte de mão de obra indispensável — ou seja, da I Guerra Mundial, que desencadeia a "Grande Migração" dos estados segregacionistas do Sul para as cidades operárias do Norte, até a revolução dos direitos civis, que lhes abre enfim acesso ao voto 100 anos depois da abolição da escravatura —, o gueto faz papel de "prisão social", no sentido de manter o ostracismo sistemático da comunidade afro-americana. Desde a crise do gueto, simbolizada pela grande onda das rebeliões urbanas da década de 1960, é a prisão que faz papel de "gueto" ao excluir as frações do (sub)proletariado negro persistentemente marginalizadas pela transição para a economia dual dos serviços e pela política de retirada social e urbana do Estado federal.[28] As duas instituições se acoplam e complementam, no sentido de que cada uma serve, à sua maneira, para assegurar a "colocação à parte" (*segregare*) de uma categoria indesejável, percebida como provocadora de uma dupla ameaça, inseparavelmente física e moral. E a simbiose estrutural e funcional entre o gueto e a prisão encontra uma expressão cultural surpreendente nos textos e no modo de vida exibidos por músicos de *gangster rap*, como atesta o destino trágico do cantor-compositor Tupac Shakur.[29]

3. Prisão e assistência social. Assim como em seu nascimento, a instituição carcerária está agora em contato direto com os organismos e programas encarregados de "assistir" as populações abandonadas à medida que vem se operando uma interpenetração crescente entre os setores social e penal do Estado pós-keynesiano. De um lado, a lógica panóptica e punitiva própria do campo penal tende a contaminar e em seguida redefinir os objetivos e os dispositivos da ajuda social. Assim, além de substituir o direito à assistência das crianças indigentes pela obrigação imposta a seus pais de trabalhar ao cabo de dois anos, a "reforma" do *welfare* avalizada por Clinton em 1996 submete os beneficiários da ajuda pública a um fichamento intrusivo, instaurando uma rígida supervisão de suas condutas — em matéria de educação, trabalho, droga e sexualidade —, suscetível de desembocar em sanções tanto administrativas como penais. (Por exemplo, desde outubro de 1998, no Michigan, os beneficiários de ajudas devem obrigatoriamente se submeter a um teste de detecção de drogas, a exemplo dos condenados em liberdade vigiada ou condicional.) Por outro lado, as prisões devem *nolens volens* fazer face, com urgência e com os meios disponíveis, às dificuldades sociais e médicas que sua "clientela" não foi capaz de resolver em outra parte: nas metrópoles, o principal abrigo social e estabelecimento em que se oferecem cuidados acessíveis aos mais pobres é a casa de detenção do condado. E a mesma população circula em circuito quase fechado de um polo a outro desse continuum institucional.

Enfim, as exigências orçamentárias e a moda política do "menos Estado" levam à mercantilização tanto da assistência como da prisão. Várias jurisdições, como o Texas ou o Tennessee, já colocam boa parte de seus detentos em prisões privadas *e* subcontratam firmas especializadas para o acompanhamento administrativo dos beneficiários de ajudas sociais. Maneira de tornar os pobres e os prisioneiros (que eram pobres fora e que, em sua esmagadora maioria, voltarão a sê-lo ao sair) "rentáveis", tanto no plano ideológico como no econômico. Assiste-se assim à gênese não de um simples "complexo carcerário-industrial", como sugeriram alguns criminologistas, seguidos nisto pelos militantes do movimento de defesa dos presos,[30] mas de um *complexo comercial carcerário-assistencial*, ponta de lança do Estado liberal-paternalista nascente. Sua missão consiste em vigiar e subjugar, e se precisar punir e neutralizar, as populações insubmissas à nova ordem econômica segundo uma divisão sexuada do trabalho, seu componente carcerário ocupando-se prioritariamente dos homens ao passo que seu componente assistencial exerce tutela sobre (suas) mulheres e filhos. Conforme a tradição política americana, esse conjunto institucional compósito em gestação caracteriza-se, por um lado, pela interpenetração dos setores público e privado e, por outro, pela fusão das funções de fichamento, de recuperação moral e de repressão do Estado.

A tese do desenvolvimento de um "complexo carcerário-industrial" que substituiria o "complexo militar-industrial" dos anos 1950 e 1960 com o fim da guerra fria, com as grandes firmas de equipamento militar se reconvertendo do comércio de armas para o do encerramento dos pobres, é um leitmotiv do discurso oposicionista sobre a prisão nos Estados Unidos.[31] No essencial, essa tese não é falsa, mas exibe três lacunas importantes que limitam gravemente seu alcance crítico (e portanto prático): em primeiro lugar, limita exclusivamente à "industrialização" do sistema carcerário a *dupla transformação conjunta e interativa dos componentes social e penal* do campo burocrático; em seguida, atribui um papel motor aos interesses privados das empresas do setor carcerário, enquanto essa transformação resulta antes de uma lógica e de um projeto propriamente *políticos*, no caso a invenção de um Estado pós-keynesiano "liberal-paternalista"; enfim, omite a consideração dos efeitos da introdução — mesmo limitada e equivocada — da *lógica assistencial no seio do universo carcerário*, sobretudo pelo viés da ação dos tribunais, que exigem das administrações penitenciárias o respeito a um entrelaçamento de normas mínimas em matéria de direitos individuais e de serviços (por exemplo, de saúde mental).

Precários, estrangeiros, drogados: os "clientes" privilegiados das prisões europeias

O exame da experiência americana das três últimas décadas permite observar em estado de natureza como se opera, em um caso particularmente saliente devido a sua força de atração ideológica, a regressão do Estado social para o Estado penal e, por isso mesmo, melhor discernir o que a trajetória recente dos Estados Unidos pode dever a essa regressão. Pois, da economia à política, passando pela ação associativa, a cultura e as mídias, não há um único domínio da vida social nos Estados Unidos hoje em dia que não seja diretamente afetado pelo desenvolvimento hipertrófico da instituição carcerária e por suas extensões. À maneira de um revelador químico, essa experiência faz igualmente brotar com clareza a face oculta — pois recalcada pelo imenso trabalho histórico de eufemização jurídica, política e cultural constitutivo do estabelecimento de um regime formalmente democrático, fruto de dois séculos de lutas sociais — do *Estado como organização coletiva da violência* visando a manutenção da ordem estabelecida e a submissão dos dominados. Violência que, nesse caso, ressurge subitamente, maciça, metódica e com um objetivo preciso, justamente sobre aqueles que podem ser descritos como os inúteis ou os insubmissos da nova ordem econômica e etnorracial que se instala além-Atlântico, e que atualmente os Estados Unidos oferecem como patrão ao mundo inteiro.

Compreender as especificidades da experiência americana não consiste em relegá-la à condição de particularidade. E é preciso evitar atribuir em bloco a súbita escalada da pujança de seu sistema penitenciário a esse caráter "excepcional" que os próprios Estados Unidos gostam de invocar sob qualquer pretexto, e por trás do qual os bajuladores e os detratores do "modelo americano" escondem muito frequentemente a indigência de seus argumentos, defesas ou acusações. De fato, se a ascensão do Estado penal é particularmente espetacular e brutal nos Estados Unidos, pelas razões historicamente imbricadas que conhecemos — estreiteza de um Estado "categorial" fundado sobre uma cesura racial e dedicado a reforçar a disciplina do mercado —, a tentação de se apoiar nas instituições judiciária e penitenciária para eliminar os efeitos da insegurança social engendrada pela imposição do trabalho assalariado precário e pelo retraimento correlato da proteção social também se faz sentir em toda parte na Europa, e peculiarmente na França, à medida que aí se manifestam a ideologia neoliberal e as políticas por ela inspiradas, tanto em matéria de trabalho como de justiça.

Como prova disso, é apontado o *aumento rápido e contínuo dos índices de encarceramento em quase todos os países membros da União Europeia* ao longo da última década: de 93 para 125 prisioneiros sobre cada 100.000 habitantes em Portugal; de 57 para 102 na Espanha; de 90 para 101 na Inglaterra (incluindo-se o País de Gales); de 76 para 90 na Itália e para 95 na França; de 62 para 76 na Bélgica; de 34 e 49, respectivamente, para 65 na Holanda e na Suécia; e de 36 para 56 na Grécia; apenas no período 1985-95.[32] Decerto esses índices continuam bastante inferiores ao dos Estados Unidos e cresceram nitidamente menos rápido do que do outro lado do Atlântico. Além disso, a criminalidade aumentou sensivelmente nas sociedades europeias durante esse período, ao passo que se estagnava nos Estados Unidos. Enfim, na maioria dos países europeus, o aumento dos efetivos presos deveu-se à maior duração das detenções mais do que a uma grande inflação das condenações à privação de liberdade, ao contrário dos Estados Unidos. Isso não impede que a alta dos efetivos carcerários se afirme sobre quase todo o continente (cf. TABELA 4), e sobretudo na França, onde a população reclusa dobrou em 20 anos. De fato, desde 1975, a curva do desemprego e a dos efetivos penitenciários no hexágono seguem uma evolução rigorosamente paralela.

Reestruturação econômica e inflação carcerária na França de 1975 até nossos dias

Assim como nos Estados Unidos, os meados dos anos 1970 marcam na França uma ruptura seguida de uma inversão da evolução tanto social quanto carcerária. Às mutações do modelo de produção e de emprego — dualização do mercado de trabalho e aumento do desemprego de massa, seguidos da intensificação da precariedade do trabalho assalariado, acompanhada de uma multiplicação dos dispositivos sociais visando tanto aliviar as situações mais chocantes de desamparo quanto flexibilizar a mão de obra — correspondem uma recomposição da economia penal e uma inflação penitenciária tenaz.

TABELA 4
Inflação carcerária na União Europeia 1983-97

País	1983	1990	1997	Crescimento
Inglaterra/ Gales	43.415	50.106	61.940	43%
França	39.086	47.449	54.442	39%
Itália	41.413	32.588	49.477	20%
Espanha	14.659	32.902	42.827	192%
Portugal	6.093	9.059	14.634	140%
Holanda	4.000	6.662	13.618	240%
Bélgica	6.524	6.525	8.342	28%
Grécia	3.736	4.786	5.577	49%
Suécia	4.422	4.895	5.221	18%
Dinamarca	3.120	3.243	3.299	6%
Irlanda	1.466	2.114	2.433	66%

Fonte: Pierre Tournier, *Statistique pénale annuelle du Conseil de l'Europe, Enquête 1997*, Estrasburgo, Conselho da Europa, 1999

Depois de ter caído em 25% entre 1968 e 1975, a população penitenciária do hexágono vai aumentar continuamente durante duas décadas. Apenas o indulto presidencial de 1981 e depois o de 1988, e as anistias excepcionais ligadas à chegada de Robert Badinter ao Ministério da Justiça e depois ao Bicentenário da Revolução, interrompem momentaneamente a inexorável escalada dos efetivos penitenciários: os 26.032 reclusos de 1975 tornam-se 42.937 em 1985, depois 51.623 em 1995 (apenas para a metrópole). O índice de encarceramento francês passa assim de 50 detentos para cada 100.000 habitantes, no momento em que Valéry Giscard d'Estaing entra no Eliseu, para 71 para cada 100.000, quando Mitterand lhe sucede, atingindo 95 para cada 100.000 quando este último cede por sua vez o lugar a Jacques Chirac. Paralelamente, assistimos, por um lado, a uma extensão das penas em regime aberto, uma vez que 120.000 pessoas estão hoje colocadas sob controle judiciário, em sursis esperando provas, em liberdade condicional ou obrigadas a realizar um trabalho de interesse comunitário. No total, a população "sob a mão da Justiça" atinge 176.800 pessoas em 1º de janeiro de 1998, ou seja, metade a mais do que em 1989 e duas vezes e meia o número de 1975. Por outro lado, desenvolve-se ao mesmo tempo o controle sanitário e social (para os toxicômanos) e administrativo (para os estrangeiros em situação irregular) nos casos em que não há nem reincidência nem infrações associadas.

Esse forte crescimento da demografia carcerária é resultante de uma vasta recomposição da economia das penas: supressão da multa em favor da prisão com sursis (tendo por consequência perversa durações maiores de encarceramento em casos de reincidência), translação para cima da escala das sentenças pronunciadas (o tempo médio das condenações definitivas de privação de liberdade e correcional passa de duas vezes e meia por mês em 1984 para 6,4 por mês em 1992; a duração média de detenção atinge 7,8 anos em 1996 contra 4,4 20 anos antes) e rarefação das saídas (a liberdade condicional se reduz drasticamente, chegando ao ponto de beneficiar apenas 13% dos condenados em condições em 1996, comparados a 29% em 1973).[33] Nesse meio-tempo, o perfil do contencioso punido foi redesenhado, o núcleo da repressão deslocando-se do contencioso com vítima direta (os detidos por furtos representam apenas um quinto dos detentos em 1997, em lugar da metade de duas décadas antes) para dois contenciosos sem vítima direta, que são as infrações à legislação sobre drogas e a situação irregular dos estrangeiros, além dos estupros e dos atentados aos costumes, cada vez mais também severamente punidos. No total, a alta dos efetivos presos é alimentada, de 1971 a 1987, pelo aumento do número dos condenados (aumento dos fluxos), e de 1983 aos dias de hoje, pelas maiores durações das detenções (aumento dos estoques).[34]

"A nova organização das penas", observa o criminologista Thierry Godefroy, é estabelecida "em relação com o controle de uma população crescente, jovens adultos em situação de espera entre escolaridade e trabalho", ao passo que se deixa disponível uma reserva de mão de obra desqualificada e pouco exigente "útil para o desenvolvimento do setor dos serviços assim como para as novas formas de organização da produção, que se aproveitam em grande medida da precariedade e da mobilidade". Essa reconfiguração da punição provoca o aumento da "pressão penal não sobre as 'classes perigosas' *stricto sensu*, mas sobre os elementos marginalizados do mercado de trabalho (particularmente os jovens e os estrangeiros) aos quais são oferecidas como perspectiva apenas a aceitação de uma inserção no mercado dos empregos inseguros ou sanções carcerárias, sobretudo em casos de reincidência".[35]

Ao contrário dos Estados Unidos, portanto, a expansão penitenciária na França é alimentada não pelo encarceramento excessivo, mas pela "dualização" da atividade penal e pela maior duração das penas, o que atinge particularmente os imigrantes e os jovens das classes populares. Ao contrário dos Estados Unidos, onde a ajuda social diminuiu até ser finalmente reconvertida em "trampolim" para o trabalho assalariado forçado, ela é acompanhada por uma maior cobertura assistencial das populações excluídas do mercado de trabalho (ingresso mínimo de inserção, verba específica de solidariedade, contratos emprego-solidariedade, empregos jovens, desenvolvimento social dos bairros, lei contra a exclusão etc.).[36] De maneira que, mais do que *deslocamento* do social para o penal, observa-se na França, como em muitos outros países do continente de forte tradição estatal, uma *intensificação conjunta do tratamento social e penal* das categorias por muito tempo marginalizadas pela mutação do trabalho assalariado e a correspondente reconfiguração das políticas de proteção.

Porém, se os meios utilizados pelo Estado penal francês são diferentes daqueles do Estado norte-americano, assim como indicam suas respectivas doses das diversas punições, nem por isso o imperativo ao qual corresponde a reconfiguração da punição é menos similar nos dois lados do Atlântico: submeter as categorias refratárias ao trabalho assalariado precário, reafirmar o imperativo do trabalho como norma cívica, encerrar as populações "excedentes" (durante um período transitório, embora sempre mais longo, em um dos casos; durante longos períodos, podendo chegar à perpetuidade, no outro caso). Na França, como nos Estados Unidos, a reestruturação da economia penal acompanha e sustenta a da economia salarial, a prisão servindo de moldura e de escoadouro para o novo mercado do emprego desqualificado.

Sabemos, desde os trabalhos pioneiros de Georg Rusche e Otto Kirscheimer, confirmados por cerca de 40 estudos empíricos em uma dezena de sociedades capitalistas, que existe no nível societário uma estreita e positiva correlação entre a deterioração do mercado de trabalho e o aumento dos efetivos presos — ao passo que não existe vínculo algum comprovado entre índice de criminalidade e índice de encarceramento.[37] Além disso, todas as pesquisas disponíveis sobre as sanções judiciais segundo as características sociais dos acusados nos países europeus coincidem ao indicar que o desemprego e a precariedade profissional são, como nos Estados Unidos, severamente julgados pelos tribunais ao nível individual. Resulta daí, tanto para o crime como para a contravenção, uma *"sobrecondenação" na reclusão dos indivíduos marginalizados pelo mercado de trabalho*. Não ter emprego não apenas aumenta praticamente em toda parte a probabilidade de ser colocado em prisão preventiva, e por prazos mais longos. Mais ainda, para um mesmo tipo de infração, um condenado sem trabalho é posto atrás das grades com mais frequência do que punido com uma pena com sursis ou uma fiança. (Nos Estados Unidos, uma pesquisa sugere que o fato de ser desempregado é ainda mais suscetível de penalização no estágio de determinação da pena do que ser negro.)[38] Enfim, a ausência ou a fragilidade da inserção profissional do detento estende a duração efetiva da reclusão diminuindo suas chances de se beneficiar de uma redução de pena ou de uma liberdade condicional ou antecipada.

"A multa é burguesa e pequeno-burguesa, a prisão com sursis é popular, o regime fechado é subproletário": a célebre fórmula de Bruno Aubusson de Cavarlay resumindo o funcionamento da Justiça na França entre 1952 e 1978 é ainda mais verdadeira na era do desemprego em massa e do acirramento das desigualdades sociais. Assim, metade das pessoas encarceradas na França ao longo do ano de 1998 tinha um nível de educação *primária* (contra 3% que tinham feito estudos universitários), e pode-se estimar que entre um terço e metade delas não tinham emprego na véspera de sua prisão; além disso, um prisioneiro entre seis se encontra sem domicílio fixo.[39] Na Inglaterra, 83% dos prisioneiros são oriundos da classe operária, 43% abandonaram a escola antes dos 16 anos (comparados aos 16% da média nacional); mais de um terço estava sem trabalho no momento de sua detenção e 13%, sem teto.[40] Os "clientes naturais" das prisões europeias são, atualmente mais do que em qualquer outro período do século, as parcelas precarizadas da classe operária e, muito especialmente, os jovens oriundos das famílias populares de ascendência africana.

Com efeito, por toda a Europa, os estrangeiros, os imigrantes não ocidentais ditos da "segunda geração" (e que justamente não o são) e as pessoas de cor, que compõem as categorias mais vulneráveis tanto no mercado de emprego quanto face ao setor assistencial do Estado, em virtude de seu recrutamento de classe mais baixo e das discriminações múltiplas que lhes são infligidas, estão maciçamente representados no seio da população carcerária — e isso num nível comparável em muitos lugares à "desproporcionalidade" que atinge os negros nos Estados Unidos (cf. FIGURA 1). Assim é que na Inglaterra, onde a questão da criminalidade dita de rua tende a se confundir, tanto na percepção pública quanto nas práticas policiais, com a presença visível e reivindicatória dos súditos do Império chegados das Caraíbas, os negros são sete vezes mais suscetíveis de serem presos do que seus homólogos brancos ou de extração asiática (as mulheres afro-antilhanas, 10 vezes mais). Essa sub-representação é particularmente flagrante entre os detidos "caídos" por porte ou tráfico de droga, dos quais mais da metade é negra, e por roubo, em que essa proporção se aproxima dos dois terços.

Um fenômeno similar é observado na Alemanha. No norte da Renânia, os "ciganos" originários da Romênia exibem índices de encarceramento mais de 20 vezes superiores ao dos cidadãos locais, os marroquinos oito vezes e os turcos entre três e quatro vezes; e a proporção dos estrangeiros entre os processados passou de um terço em 1989 para a metade cinco anos mais tarde. De fato, no *Land* de Hessen, o número dos prisioneiros aumentou a cada ano desde 1987, ao passo que o contingente dos nativos em detenção baixava a cada ano. Já o aumento do número de não nativos por trás das grades deve-se quase inteiramente às infrações à legislação sobre drogas. Na Holanda, cujos efetivos carcerários triplicaram em 15 anos e comportavam 43% de estrangeiros em 1993, a probabilidade de ser punido com uma pena em regime fechado é sistematicamente mais elevada, para uma mesma primeira infração, quando o condenado é de origem surinamesa ou marroquina (em contrapartida, é mais forte para os nativos em caso de reincidência).[41] Na Bélgica, em 1997, o índice de encarceramento dos estrangeiros era seis vezes mais alto que o dos nativos (2.840 contra 510 para cada 100.000), e a distância entre as duas categorias foi aumentando ao longo das últimas duas décadas, considerando que era apenas o dobro em 1980. A partir dessa data, mesmo excluindo as detenções administrativas por situação irregular, o número de estrangeiros presos aumenta continuamente, ao passo que o fluxo dos nativos postos atrás das grades míngua de ano para ano até 1996. Além disso, a duração média de detenção dos estrangeiros privados de liberdade no âmbito de um processo penal é mais longa que a imposta pelos belgas, ainda que estes sejam proporcionalmente mais numerosos nas detenções provisórias.[42]

FIGURA 1
**Proporção de presos
estrangeiros na União Europeia em 1997**

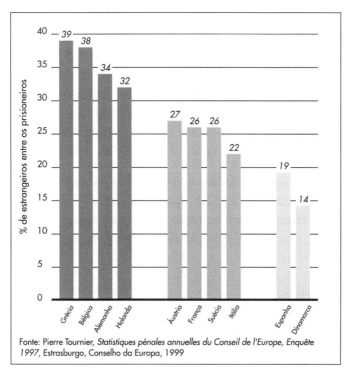

Fonte: Pierre Tournier, *Statistiques pénales annuelles du Conseil de l'Europe*, Enquête *1997*, Estrasburgo, Conselho da Europa, 1999

Na França, a parcela de estrangeiros na população penitenciária passou de 18% em 1975 a 29% 20 anos mais tarde (ao passo que estes pesavam apenas 6% na população do país), cifra que não leva em conta o forte "sobreconsumo carcerário" dos nativos percebidos e tratados como estrangeiros pelo aparelho policial e judiciário, tais como os jovens oriundos da imigração maghrebina ou vindos das possessões francesas de além-mar. Isso significa que as prisões do hexágono ficaram nitidamente "coloridas" nestes últimos anos, já que dois terços dos cerca de 15.000 prisioneiros estrangeiros oficialmente registrados em 1995 eram originários da África do Norte (53%) ou da África negra (16%).

A "desproporcionalidade etnonacional" de que padecem os nativos das antigas colônias da França deve-se, em primeiro lugar, ao fato de que, diante de uma infração igual, a Justiça recorre de mais bom grado ao regime fechado quando o condenado não possui a nacionalidade francesa, sendo o sursis e a dispensa da pena praticamente monopolizados pelos nativos. O demógrafo Pierre Tournier mostrou que, segundo os delitos, a probabilidade de ser condenado à prisão é 1,8 a 2,4% mais alta para um estrangeiro do que para um francês (juntando todos os processados, quaisquer que sejam seus antecedentes). Depois, o número de estrangeiros implicados por imigração clandestina disparou de 7.000 em 1976 para 44.000 em 1993. Ora, três quartos dos indivíduos punidos por infringir o "artigo 19", relativo à entrada e permanência irregulares, foram postos atrás das grades — dos 16 delitos que mais frequentemente chegam à Justiça, este é o mais comumente punido com uma pena de regime fechado: é reprimido tão severamente quanto um crime. Verifica-se assim que, longe de resultar de um hipotético agravamento de sua delinquência, como gostaria certo discurso xenófobo, o aumento do peso dos estrangeiros nos efetivos penitenciários da França deve-se *exclusivamente* à triplicação, em 20 anos, das prisões devidas às infrações às normas de permanência. De fato, se excluirmos os detentos condenados por esse contencioso administrativo, o coeficiente de proporção dos estrangeiros na França em relação aos nativos cai de 6 para 3.

Assim como no caso dos negros nos Estados Unidos, salvo que — e esta precisão deve ser salientada — os afro-americanos são, há um século pelo menos, *cidadãos* da União, a proporção dos estrangeiros nas penitenciárias da França traduz portanto, além de sua composição de classe mais baixa, uma maior severidade da instituição penal a seu respeito, por um lado, e a "opção deliberada de reprimir a imigração clandestina por meio do encarceramento", por outro.[43] Na verdade, trata-se prioritariamente de um *encarceramento de diferenciação* ou de segregação, visando manter um grupo à parte e facilitar sua subtração do corpo societal (que desemboca cada vez mais frequentemente na deportação e no banimento do território nacional), por oposição ao "encarceramento de autoridade" e ao "encarceramento de segurança".[44]

Aos estrangeiros e assimilados consignados nas casas de detenção e estabelecimentos penais, quase sempre nos pavilhões segregados segundo a origem etnonacional (como na Santé, onde os internos se dividem em quatro áreas separadas e hostis, "branca", "africana", "árabe" e "resto do mundo"), é preciso ainda acrescentar os milhares de imigrantes sem documentos ou esperando expulsão, em virtude sobretudo da "dupla pena", detidos arbitrariamente nesses enclaves de não direito de Estado que são as "zonas de espera" e "centros de retenção", que enxamearam durante a década de 1980 através da União Europeia. Semelhantes aos campos para "estrangeiros indesejáveis", "refugiados espanhóis" e outros "agitadores", criados por Daladier em 1938, os cerca de 30 centros atualmente em funcionamento em território francês — eram apenas uma pequena dezena há 15 anos — são como prisões que não dizem seu nome, e por todos os motivos: não dependem da administração penitenciária, seus detentos o são por violação do artigo 66 da Constituição (que estipula que "ninguém pode ser detido arbitrariamente"), e as condições de confinamento são tipicamente atentatórias ao direito e à dignidade humana. É o caso, entre outros, do tristemente célebre centro de Arenq, perto da estação ferroviária marítima de Marselha, onde um hangar vetusto construído em 1917 e desprovido do conforto mínimo necessário à habitação serve de depósito para cerca de 1.500 estrangeiros expulsos ano após ano para a África do Norte.[45]

Na Bélgica, onde o número de estrangeiros encarcerados à disposição da Delegacia de Estrangeiros foi multiplicado por nove entre 1974 e 1994, as pessoas enviadas aos centros de detenção para estrangeiros "em situação irregular" estão sob a autoridade do Ministério do Interior, e não da Justiça, e, por esse fato, são omitidas das estatísticas da administração penitenciária. Cinco centros fechados, cercados por uma dupla fileira de grades encimadas por pontas de ferro e colocados sob vigilância permanente por vídeo, servem de rampa de expulsão para 15.000 estrangeiros por ano: é este o objetivo numérico oficial do governo como prova patente da política "realista" pretensamente implementada para sobrepujar a extrema-direita, que, entretanto, não para desde então de prosperar.[46] Na Itália, os decretos de expulsão quintuplicaram em apenas quatro anos para culminar em 57.000 em 1994, embora tudo indique que a imigração clandestina se reduziu e que a grande maioria dos estrangeiros em situação irregular entrou no país legalmente para aí ocupar "informalmente" empregos que os autóctones desprezam[47] — como reconheceu implicitamente o governo de Massimo D'Alema ao multiplicar por seis a quantidade de vistos de residência inicialmente concedidos no âmbito da operação de regularização lançada no começo do inverno de 1998.

Mais genericamente, sabemos que as práticas judiciárias aparentemente mais neutras e mais rotineiras, a começar pela aplicação da prisão provisória, tendem sistematicamente a desfavorecer as pessoas de origem estrangeira ou assim percebidas. E a "justiça de quarenta velocidades", para retomar a expressão dos jovens da periferia de Longwy, sabe acelerar quando se trata de deter e prender os habitantes dos perímetros estigmatizados de forte concentração de desempregados e de famílias oriundas da imigração operária dos "trinta gloriosos",* pudicamente designados como "bairros sensíveis". De fato, sob o efeito dos dispositivos dos tratados de Schengen e Maastricht, que visam acelerar a integração jurídica de modo a assegurar a "livre circulação" efetiva de seus cidadãos, a imigração foi redefinida pelas autoridades dos países signatários como um problema de *segurança* continental e, por conseguinte, nacional, do mesmo modo que o crime organizado e o terrorismo, aos quais está associada tanto ao nível do discurso como das medidas administrativas.[48] Assim é que, na Europa

---

* Período que vai aproximadamente de 1945 a 1975, de prosperidade econômica e máximo desenvolvimento do Estado de bem-estar em toda a Europa ocidental, particularmente na França. (N.T.)

inteira, as práticas policiais, judiciais e penais convergem pelo menos no sentido de serem aplicadas com uma diligência e severidade toda particular quando se trata de pessoas de fenótipo não europeu, facilmente identificáveis e mais submetidas à arbitrariedade policial e jurídica, ao ponto de se poder falar de um verdadeiro processo de *criminalização dos imigrantes* que tende, por seus efeitos desestruturantes e criminógenos, a (co)produzir o próprio fenômeno que supõe combater.

Esse processo é fortemente amplificado pela mídia e pelos políticos, de todos os lados, ávidos por explorar os sentimentos xenófobos que obcecam a Europa desde a reviravolta neoliberal da década de 1980, fazendo, de maneira sincera ou cínica, direta ou indireta, mas sempre mais banalizada, o amálgama entre imigração, ilegalidade e criminalidade. Incessantemente colocado no índex, suspeito por antecipação se não por princípio, relegado às margens da sociedade e perseguido pelas autoridades com um zelo sem par, o estrangeiro (não europeu) se transforma no "inimigo cômodo" — *suitable enemy*, segundo a expressão do criminologista norueguês Nils Christie[49] —, ao mesmo tempo símbolo e alvo de todas as angústias sociais, como o são os afro-americanos pobres das metrópoles em sua sociedade. A prisão e o estigma deixados por ela participam assim ativamente da fabricação de uma categoria europeia de "sub-brancos" talhada sob medida para justificar um deslizamento repressivo na gestão da miséria, que, por efeito de irradiação, tende a se aplicar ao conjunto das camadas populares minadas pelo desemprego de massa e pelo emprego flexível, seja qual for sua nacionalidade.[50]

De Oslo a Bilbao e de Nápoles a Nottingham, passando por Madri, Marselha e Munique, *a parcela dos toxicômanos e vendedores de droga na população reclusa conheceu um aumento espetacular*, paralelo, sem ser da mesma escala, ao observado nos Estados Unidos. Por toda a Europa, a política de luta contra a droga serve de biombo para "uma guerra contra os componentes da população percebidos como os menos úteis e potencialmente mais perigosos", "sem-emprego", "sem-teto", "sem-documento", mendigos, vagabundos e outros marginais.[51] Na França, o número de condenações por posse ou tráfico de drogas explode de 4.000 em 1984 para cerca de 24.000

em 1994, e a duração das penas infligidas por esse motivo dobra no período (de 9 para 20 meses em média). Resultado: a proporção dos prisioneiros "caídos" por uma causa "estúpida" passa de 14% em 1988 (primeiro ano para o qual foi computada separadamente) para 21% apenas quatro anos mais tarde (data a partir da qual supera a dos condenados por furtos). Esse índice é cerca de um terço maior na Itália, Espanha e Portugal, estabelecendo-se em torno de 15% na Alemanha, Reino Unido e Holanda, onde o crescimento do parque penitenciário durante a última década serviu quase exclusivamente para absorver os "tóxicos" (cf. FIGURA 2).

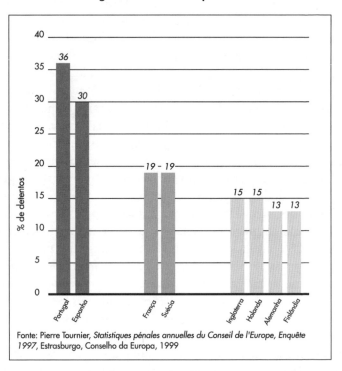

FIGURA 2
Proporção dos condenados por motivos de drogas na União Europeia em 1997

Fonte: Pierre Tournier, *Statistiques pénales annuelles du Conseil de l'Europe*, Enquête 1997, Estrasburgo, Conselho da Europa, 1999

Nem mesmo os países escandinavos deixam de ser afetados pela penalização ativa do consumo de drogas e pelo movimento de encarceramento dos usuários e dos pequenos traficantes que daí deriva. Na Noruega, por exemplo, o número de condenações à prisão por infrações à legislação sobre as drogas dobra durante a década de 1980 para alcançar hoje 30% do total nacional (esse índice é de 20% na vizinha Suécia), mas, ao mesmo tempo, o volume total de anos de detenção infligidos por esse motivo é multiplicado por quatro em virtude do nítido agravamento das sentenças pronunciadas. A apresentação oficial das estatísticas penitenciárias teve inclusive de ser modificada em 1986 a fim de repertoriar a proliferação das penas, que podem chegar a 15 anos de reclusão, ao passo que até então a norma penalógica norueguesa tinha como plataforma não superar uma pena de três anos.[52]

Como nos Estados Unidos, o resultado da extensão da rede penal na Europa sobre todo o continente é que *o superpovoamento das prisões pesa enormemente no funcionamento* dos serviços correcionais e tende a relegar a prisão à sua função bruta de "depósito" dos indesejáveis. Os países membros da União Europeia aumentaram sensivelmente seu parque penitenciário durante a década de 1980 e banalizaram o recurso periódico às anistias e aos indultos coletivos (por exemplo, na França, a partir de 1991, por ocasião do 14 de Julho, e, na Bélgica, por decretos reais a cada cerca de dois anos), assim como às ondas de liberdades antecipadas (na Itália, Espanha, Bélgica e Portugal), a fim de limitar o crescimento do estoque de prisioneiros. Apesar disso, à notável exceção dos países escandinavos, da Holanda e da Áustria, falta lugar em toda parte e os estabelecimentos estão quase universalmente superpovoados, segundo índices que variam de 10%, na Inglaterra e na Bélgica, a aproximadamente um terço na Itália, na Grécia e na península Ibérica (ver FIGURA 3).

Além disso, essas médias nacionais minimizam a superpopulação real por diversos artifícios contábeis: por exemplo, na Holanda, o excedente penitenciário é tipicamente revertido para os distritos policiais, de maneira que não aparece como tal nas estatísticas da administração penitenciária; em Portugal, os detentos que sofrem de distúrbios mentais não figuram no recenseamento dos prisioneiros; na Bélgica, a contagem das celas não é nada confiável. Mas, acima de tudo, essas médias dissimulam fortes

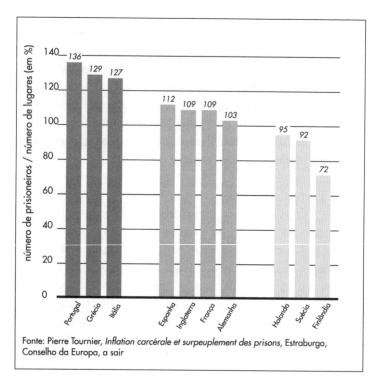

FIGURA 3
Superpopulação das prisões
na União Europeia em 1997

Fonte: Pierre Tournier, *Inflation carcérale et surpeuplement des prisons*, Estraburgo, Conselho da Europa, a sair

disparidades dentro de cada nação, o que faz com que uma fração importante, se não a maior parte dos prisioneiros, cumpra sua sentença em condições alarmantes de superpopulação carcerária. Segundo as mais recentes estatísticas do Conselho da Europa, quase dois terços dos presos da Itália e de Portugal e metade de seus homólogos da Bélgica são alojados em estabelecimentos em situação de "superpovoamento crítico" (isto é, cuja ocupação supera 120% da capacidade).[53] Na França, onde a média de ocupação dos estabelecimentos está fixada oficialmente em 109%, as casas de detenção rondam os 123% de seu espaço carcerário, e oito entre elas exibem uma população superior ao dobro de sua capacidade de ocupação — entre as quais duas se aproximam do triplo. No total, um quarto dos detentos da França aloja-se em prisões onde o índice de excesso de presos ultrapassa 150%.[54]

Em 1993, um relatório do Comitê para a Prevenção da Tortura e das Punições ou Tratamentos Desumanos, organismo do Conselho da Europa encarregado de fazer respeitar a convenção europeia de mesmo nome implementada em 1989, admoestava severamente a França pelas condições carcerárias ultrajantes constatadas na prisão de Baumettes em Marselha, onde celas de menos de 10m² concebidas para um único prisioneiro acolhiam quatro, desprezando as mais elementares regras de higiene. Semelhantes condições de encarceramento não estão desvinculadas do aumento em um quarto do índice de suicídios entre 1986 e 1996: um terço dos suicidas entre a população penitenciária da França é constituído de presos que se matam nos três meses seguintes a seu confinamento.[55]

A mesma condenação inapelável recaiu sobre centros de retenção para estrangeiros, tal como o "Depósito" da Prefeitura de Paris, onde celas escuras em subterrâneos infestados de baratas, medindo entre 32 e 50m², encerravam uma dúzia de presos cada uma, privados de qualquer meio de distração e de exercícios ao ar livre. A situação dos locais dos comissariados e delegacias, onde habitualmente ficam alojados os suspeitos depois da detenção, é ainda pior — celas escuras e malcheirosas, com paredes úmidas, roupas de cama sujas, falta de iluminação e ventilação etc. —, tendo motivado o Comitê para a Prevenção da Tortura a dirigir excepcionalmente suas observações às autoridades francesas logo após sua visita. E, para coroar o conjunto, em diversos países onde o Comitê fez investigações — Áustria, Portugal, França, Bélgica e Grécia, entre outros —, os maus-tratos sofridos pelas pessoas presas por ocasião de sua detenção pela polícia são rotineiros e comprovados: insultos, pontapés ou socos e tapas, privação de alimentação ou de remédios, e pressões psicológicas que se exercem prioritariamente nos alvos prediletos do aparelho penal europeu, a saber, os estrangeiros (ou assimilados) e os jovens (das classes populares).[56]

Encarcerar rápido e mal*

Segundo um estudo publicado pelo Ministério da Justiça, mais de um detento em cada quatro vive em estabelecimentos penais em condições carcerárias "*muito difíceis, até mesmo alarmantes*". Aí vive-se cotidianamente encerrado com mais dois, três ou quatro presos em 9m² até 22 horas por dia. Assim, os 330 detentos da casa de detenção de Nîmes ocupam locais previstos para 180 pessoas. Celas de duas pessoas recebem uma terceira, obrigada a dormir sobre um colchão colocado diretamente no chão. Celas de cerca de 20m² são ocupadas por seis detentos, que por conseguinte devem comer em suas camas. A superpopulação cada vez mais toma conta dos estabelecimentos penais. No centro de detenção de Nantes, apenas os detentos cuja pena é superior a cinco anos são colocados em cela individual [enquanto o código de procedimento penal estipula que todos têm esse direito]. Os outros dividem por dois uma mesma cela na qual são colocados uma cama, um armário e uma cadeira. Além desses móveis, restam 2m² disponíveis na cela. ...

Mais de um quarto dos encarceramentos referem-se a pessoas submetidas a um procedimento de comparecimento imediato. Um índice que dobrou em 20 anos, revelador de uma justiça penal cada vez mais orientada para os procedimentos rápidos, até mesmo expeditivos, que punem mais pela privação de liberdade do que por qualquer outra medida. Além disso, as sentenças pronunciadas pelos tribunais são cada vez mais pesadas. Em 1997, mais de 35% dos condenados cumprem penas de mais de cinco anos. Em matéria correcional, as condenações a penas de cinco anos ou mais aumentam igualmente: 5.245 em 31 de dezembro de 1997 contra 4.561 um ano antes.

Refutando uma ideia feita, a maioria dos detentos cumpre a integralidade de suas penas (60%). A eliminação das medidas de abrandamento das penas continua, de modo preocupante, confirmando as previsões mais pessimistas. No ritmo em que diminui o número de liberdades condicionais, essas medidas terão desaparecido dentro de cinco anos.

* Extraído de Patrick Marest, "1997, les prisons françaises", *Dedans Dehors*, Observatoire International des Prisons, 8, jul-ago 1998, p.12-3

Vigiar e punir: rumo ao social-panoptismo

Outra tendência que vai no sentido da deriva carcerária americana: apesar da grande diversidade das tradições e das situações nacionais,[57] *as políticas penais das sociedades da Europa ocidental tornaram-se, no conjunto, cada vez mais duras, mais abrangentes*, mais abertamente voltadas para a "defesa social", em detrimento da reinserção, justamente no momento em que essas sociedades reorganizavam seus programas sociais num sentido restritivo e seus mercados de trabalho num sentido permissivo. Com raras exceções, o legislador multiplicou por toda parte as incriminações e agravou as penas de prisão referentes aos crimes violentos, infrações aos costumes e comércio ou uso de drogas. A polícia reforçou os meios e as operações correspondentes a esses delitos; e as autoridades judiciárias reduziram posteriormente as possibilidades de liberdade condicional para uma ampla gama de infrações. A abolição da pena de morte, nos países que ainda não a haviam expurgado de seus códigos penais, teve o efeito paradoxal de aumentar a duração média de detenção por intermédio das penas ditas de segurança (que podem atingir 30 anos na França). E o funcionamento interno dos estabelecimentos penais é cada vez mais dominado pela austeridade e segurança, o objetivo de reinserção reduzindo-se a mero slogan de marketing burocrático.[58]

> **"A reinserção, uma missão residual e utópica"***
>
> *"A reinserção acalma a consciência de alguns. Não pessoas como eu, mas os políticos. Na prisão, é parecido. Quantas vezes não me peguei dizendo: 'Chefe, não se preocupe, não voltarei nunca!' e paf! Seis meses depois... A reinserção não é feita na prisão. É tarde demais. É preciso inserir as pessoas dando trabalho, uma igualdade de oportunidades no início, na escola. É preciso fazer a inserção. Que façam sociologia, tudo bem, mas já é tarde demais."* (Guarda carcerário da prisão central)
>
> Se por um lado os guardas carcerários "aderem à inserção como ideal", toda a organização de seu trabalho nega a realidade desse ideal: ausência de doutrina, ausência de meios e de tempo (a reinserção não está prevista "nem nos empregos do tempo, nem nos efetivos"), ausência de formação, ausência de intercâmbio com aqueles chamados — reveladoramente — de "interventores externos", encarregados da educação, da formação, da animação e do trabalho social. A ignorância acerca do delito, do processo, da qualificação da pena e de sua duração, a "suspeita de corrupção que pesa sobre [os guardas carcerários] quando se dedicam ao 'social'", e a proibição de qualquer contato com os detentos no exterior conseguem reduzir esse ideal a "uma palavra e uma falsa aparência".
>
>   Afinal de contas, "enquanto a prisão mantiver sua missão primordial de segurança pública, fundada em um modelo coercitivo, dissuasivo e repressivo, essa missão caberá aos guardas carcerários. As expectativas mais modestas que dizem respeito atualmente à prisão implicam penas mais longas, mais controles e mais vigilância. Elas parecem compatíveis com uma filosofia terapêutica de reinserção baseada em relações contratuais".
>
> * As citações são extraídas de Antoinette Chauvenet, Françoise Orlic e Georges Benguigui, *Le monde des surveillants de prison*, Paris, Presses Universitaires de France, 1994, p.36-8, 43-5 e 48

Um caso revelador é a evolução punitiva do sistema judiciário e penitenciário holandês, por muito tempo apresentada como modelo de sucesso do "paternalismo humanitário", tanto do ponto de vista da sociedade como daquele dos detentos. Sob esse regime, a privação de liberdade era rara, as penas de prisão breves e o tempo de detenção aproveitado para melhorar o "capital humano" do prisioneiro através do ensino e do tratamento terapêutico. A erosão das proteções oferecidas pelo Estado-providência nos anos 1990 e a pressão para se conformar às normas europeias mais repressivas subverteram tudo isso. Atualmente, a política penal da Holanda é governada por um "instrumentalismo gerencial" que dá prioridade às considerações contábeis de custo e benefício em uma ótica abertamente retributiva e securitária.[59] Resultado, o índice de encarceramento holandês dobrou desde 1985 (permanece, no entanto, na base da gama das variações europeias e se coloca apenas a um décimo do índice americano), ao passo que a população reclusa triplicava entre 1983 e 1996. Há apenas uma década, os penalistas britânicos faziam uma peregrinação à Holanda para ali estudar os meios e os fins de uma penalidade progressista.[60] A partir de 1994, são os responsáveis pela política judiciária holandesa que, preocupados em se desfazer de sua imagem internacional de "laxismo", pegam emprestado além-Mancha os instrumentos e as justificativas de uma penalidade resolutamente punitiva. Um antigo ministro da Justiça holandês regozijava-se recentemente por ver seu país enfim se aproximar da "média europeia" no assunto...

A gestão penal da precariedade não se resume contudo ao aprisionamento, como se pôde constatar no caso americano, onde a promoção do encarceramento ao nível de *primum remedium* para a miséria não impediu um vigoroso aumento da vigilância "externa" das famílias e dos bairros deserdados. Nos países da Europa de tradições estatais fortes, católica ou social-democrata — onde as lutas sociais instauraram, ao longo das décadas, múltiplos recursos contra a sanção pura e simples do mercado de trabalho, que funcionam indiretamente como outras tantas alternativas à deriva na direção do encerramento —, a regulamentação punitiva das parcelas pauperizadas do novo proletariado pós-fordista efetua-se principalmente por intermédio de *dispositivos panópticos* cada vez mais sofisticados e intrusivos, diretamente *integrados aos programas de proteção e assistência*. Com efeito, o cuidado louvável com uma eficácia maior na ação social leva a colocar as populações pobres sob uma supervisão ainda mais rígida e meticulosa, na medida em que as diversas burocracias encarregadas de tratar a insegurança social no cotidiano — agências de emprego, serviços sociais, caixas de seguro-doença, hospitais, serviços de abrigos públicos etc. — sistematizam sua coleta de informações, colocam seus bancos de dados em rede e coordenam suas intervenções. Sem esquecer de "modernizar" seus procedimentos e suas modalidades de intervenção, de maneira a minimizar os "riscos" colocados pelas populações das quais são encarregadas e a torná-las compatíveis com os dispositivos de segurança que se multiplicam em sua esteira.[61] Resta saber se esse social-panoptismo, como forma comparativamente suave do tratamento punitivo da pobreza, ainda hoje predominante na Europa, representa uma alternativa viável e duradoura à prisão em massa ou então se marca simplesmente uma etapa em um processo de escalada penal que desemboca no final em uma ampliação do recurso ao encarceramento e a seus sucedâneos.

Assistidos, desempregados, estrangeiros, jovens: inúteis e indesejáveis no colimador do Estado

Na França, as populações e os bairros pudicamente qualificados como "em dificuldade" estão sendo capturados por um "tentáculo informático" que autoriza uma vigilância rigorosa e, portanto, por um controle maior, de um lado por parte dos serviços sociais e, de outro, pela polícia e pelos tribunais. Vários conselhos gerais, que, desde a lei de descentralização de 1983, são responsáveis pela ação social (os aspectos de inserção do RMI [Ingresso Mínimo de Inserção], proteção materna e infantil, ajuda social à infância e às pessoas idosas etc.), já criaram um dossiê único por departamento sobre os indivíduos e as famílias que recebem ajuda graças ao programa de computador ANIS.

No Departamento de Ain, a Direção da Prevenção e da Ação Social elaborou uma função suplementar que permite construir "tipologias" das pessoas e lares assistidos seguindo um critério de apreciações subjetivas formuladas pelo funcionário social, tais como "dificuldade psicológica", "estado de dependência (expresso/reconhecido)", "dificuldade em realizar atos da vida cotidiana", ou ainda "dificuldade de integração social". O objetivo declarado dessas tipologias é construir cartografias sociais do Departamento que permitam identificar as zonas de forte concentração de populações dependentes e difíceis. Diversas associações, entre as quais a Liga dos Direitos do Homem, o Coletivo Informático, Arquivos e Cidadania e o Coletivo pelos Direitos dos Cidadãos face à Informatização da Ação Social, aos quais se associaram sindicatos de trabalhadores sociais, reivindicaram junto à Comissão Nacional de Informática e Liberdades (CNIL) a retirada da autorização para o programa de computador que serve para fabricar o dossiê único e tais tipologias. A dita comissão não julgou correto aceder a essa demanda, se bem que ela própria tenha enfatizado, em seu relatório de atividades de 1994, seu "grande medo de ver se desenvolver um arquivo global das populações desfavorecidas e, por conseguinte, uma espécie de cartografia da exclusão baseada na definição de perfis individuais ou familiares de precariedade" suscetível de reforçar a estigmatização e a discriminação territorial dos mais pobres.[62]

A essa conexão com os arquivos sociais no nível dos departamentos corresponde a criação de um gigantesco arquivo nacional sobre as contravenções, os delitos e os crimes. Autorizado pela lei de orientação e de programação relativa à segurança, de 1995, o "Sistema de tratamento da informação criminal", ou Stic, é convocado para reagrupar o conjunto dos dados informatizados recolhidos sobre as infrações à lei pelos serviços de polícia: "arquivo central" da direção das liberdades públicas no Ministério do Interior, "arquivo geral dos antecedentes" da Secretaria de Polícia de Paris, arquivos locais listando as intervenções dos serviços na província e, finalmente, "arquivo de investigações criminais".⁶³ Ainda aí, com o subterfúgio de racionalizar o trabalho de investigação, são criados meios de acumular dados detalhados sobre os habitantes dos bairros pobres, que são mais diretamente submetidos às ações policiais, uma vez que esse arquivo único compreenderá não apenas os condenados, mas também os suspeitos, as vítimas e as testemunhas de todos os casos tratados pela polícia, por conseguinte uma boa parte dos parentes e da vizinhança dos "clientes" do aparelho policial e judiciário, e isso por um período de cinco a 40 anos segundo o grau de incriminação. O Sindicato da Magistratura sublinha que seu caráter exaustivo, seus longos prazos de conservação, que anulam de fato o "direito ao esquecimento", e a utilização da noção policial (e não jurídica) de "implicação" em um processo fazem do Stic um verdadeiro "arquivo da população". Segundo uma verificação efetuada pela Liga dos Direitos do Homem, em 1º de janeiro de 1997, ele já continha 2,5 milhões de indivíduos "implicados", outras tantas vítimas de crimes físicos e meio milhão de vítimas morais, para um total de 6,3 milhões de infrações.

As informações catalogadas nesse arquivo que tudo esquadrinha compreenderão os delitos e os crimes, mas também inúmeras categorias de contravenção, tais como "a intrusão em estabelecimentos escolares", "a destruição e degradação voluntária de um bem alheio", os "desacatos à autoridade" ou ainda "oferta de sexo" e outras incivilidades exageradamente ditas urbanas. Segundo inúmeros juristas e segundo o relator do projeto diante da Comissão Nacional de Informática e Liberdades, o vice-presidente (socialista) da Assembleia Nacional Raymond Forni, há fortes razões para que tal arquivo seja utilizado não apenas para fins de polícia judiciária, mas também para operações de polícia administrativa, como por exemplo as "investigações de moralidade" sobre os solicitantes de diversos documentos e papéis das autoridades (pedidos de naturalização, por exemplo), a despeito da proibição pela CNIL de uma tal utilização. É por essa razão que o mesmo Sindicato Geral da Polícia desaprovou sua criação. A CNIL decerto não autorizou a consulta desse arquivo no caso de "todas as pessoas cujo comportamento é suscetível de criar riscos para outros", como pedia o Ministério do Interior, mas foi como se o fizesse, uma vez que deu seu aval para "missões de polícia administrativa ou de segurança, quando a natureza dessas missões ou as circunstâncias particulares nas quais elas devem se desdobrar comportam riscos de atentado à ordem pública ou à segurança das pessoas" — em outras palavras, em condições deixadas ao inteiro critério das forças da ordem, que disporão de fato da possibilidade de esquadrinhar no Stic como bem entenderem.

A etapa seguinte no estreitamento da vigilância informatizada das populações precárias consistirá em conectar arquivos sociais e arquivos policiais, para, por exemplo, melhor aplicar as decisões de suspensão dos subsídios familiares em caso de delinquência reincidente de um adolescente (é o caso de várias dezenas de milhares de famílias anualmente) ou para encontrar tal testemunha ou suspeito retraçando as ramificações das ajudas sociais.[64] Antes de cruzá-los por sua vez com os arquivos fiscais: em dezembro de 1998, o governo Jospin fez a Assembleia Nacional votar por baixo dos panos uma emenda ao projeto de lei das finanças de 1999 autorizando a Administração dos Impostos a utilizar o NIR (o Número de Inscrição no Catálogo Nacional de Identificação das Pessoas Físicas, comumente conhecido como o "número de segurança social") a fim de conectar os arquivos sociais e os arquivos fiscais. Lembramos que, nos anos 1940, o NIR era dotado de um código específico para identificar separadamente os "nativos muçulmanos" e os "judeus muçulmanos", os "estrangeiros judeus" e os "estrangeiros refugiados judeus".[65] Poderia muito bem ocorrer, sob pretexto de eficiência administrativa, sê-lo amanhã para apontar outras "populações com problemas", tais como as que habitam os "bairros sensíveis" da França...

Nesse plano, entretanto, a França está bastante atrasada em relação à Holanda, líder europeu incontestável em matéria de panoptismo administrativo. Desde sua guinada neoliberal sob o governo de Wim Wok no início dos anos 1990, a Holanda coloca a ênfase nas "obrigações" das pessoas assistidas pelo Estado, tendo desenvolvido, além do recurso ao sistema penitenciário (cuja capacidade de ocupação triplicou entre 1985 e 1995), múltiplos dispositivos que colocam sob supervisão permanente os beneficiários de ajudas sociais, os estrangeiros e os jovens considerados "de risco". Assim, os arquivos dos serviços sociais holandeses estão diretamente conectados aos da administração fiscal, de modo a serem capazes de detectar e penalizar os "assistidos", que, aliás, teriam um emprego. Uma série de medidas legislativas, culminando na lei sobre a conexão dos arquivos de 1998 (*De Koppelingswet*), levou as administrações do Estado a colocarem seus bancos de dados em rede a fim de barrar o acesso de imigrantes irregulares ao mercado de trabalho assim como ao conjunto dos serviços públicos, educação, alojamento, cobertura social, saúde. Tendo por efeito perverso mergulhar essas populações na clandestinidade mais adiante, obliterar os direitos elementares (à assistência jurídica, à escolarização dos filhos e à assistência médica de urgência, entre outros) que lhes são reconhecidos pelas convenções internacionais, nas quais a Holanda figura entre os primeiros signatários, e estimular um vasto comércio de documentos falsos.[66]

Enfim, à guisa de prevenção da delinquência, diversas municipalidades holandesas colocaram sob "tutela informática" amplos contingentes de suas populações. A cidade de Rotterdam, por exemplo, criou um escritório encarregado da vigilância dos jovens que prevê seguir passo a passo o conjunto dos habitantes da cidade com menos de 18 anos de idade (ou seja, 130.000 pessoas, um residente para cada quatro) com vistas a identificar desde a mais tenra idade as "famílias com problemas múltiplos" e os "meios de socialização delinquente".[67] Uma equipe de investigação subordinada ao serviço municipal de saúde efetua regularmente levantamentos por questionário junto aos estudantes a fim de avaliar seu bem-estar material, emocional, cognitivo, as características de seu meio social e sua propensão aos "comportamentos de risco" (consumo de álcool e drogas, jogos e apostas a dinheiro, delinquência). Os docentes preenchem um formulário fornecendo informações complementares sobre o ambiente familiar e o comportamento de cada aluno (doença, absenteísmo, autoconfiança, hiperatividade ou nervosismo, agressividade, atitudes ou comportamentos desviantes). No final de 1998, 7.000 crianças de 11 e 12 anos estavam fichadas desse modo, e todos os naturais de Rotterdam de 0 a 12 anos o serão dentro de alguns anos. Vemos aqui concretamente como o cuidado com o bem-estar (físico, moral e social) pode servir ao objetivo de controlar populações colocadas sob a tutela do Estado, de acordo com as análises clássicas de Foucault sobre a "polícia" como técnica de governo dos homens.[68]

O deslizamento do social para o penal na Europa, por fim, é mais do que evidente nas *inflexões recentes do discurso público* sobre o crime, os distúrbios ditos urbanos e as "incivilidades" que se multiplicam à medida que a ordem estabelecida perde sua legitimidade para aqueles que as mutações econômicas e políticas em curso condenam à marginalidade. Assim, o New Labour de Tony Blair reeditou por sua conta a maioria dos temas repressivos caros à propaganda eleitoral dos Tories, dissimulados sob o slogan falsamente ponderado, "*tough on crime, tough on the causes of crime*" ["atacar o crime, atacar as causas do crime"]. Até aqui atacou-se sobretudo "o crime", isto é, a pequena delinquência de rua: desde a chegada dos neotrabalhistas ao poder, a população penitenciária da Inglaterra cresceu no ritmo frenético de mil pessoas por mês — isto é, 10 vezes mais rápido do que na época de Margaret Thatcher — para atingir a cifra recorde de 66.800 detentos na primavera de 1998 e, desde a instalação do governo Blair, o orçamento das prisões aumentou em 110 milhões de libras, ao passo que os gastos sociais estagnavam.

Do mesmo modo os social-democratas suecos e os socialistas franceses de volta ao poder (em 1994 e 1997, respectivamente) abstiveram-se de vetar, como haviam prometido durante suas campanhas eleitorais vitoriosas, as leis sobre segurança votadas pelos governos conservadores que os precediam. E não se ouviu recentemente, na França, em resposta ao suposto aumento da delinquência dos adolescentes nas cidades outrora operárias, transformadas em rebotalhos econômicos pela "modernização" do capitalismo francês e o retraimento do Estado, o ministro do Interior de um governo que se diz socialista preconizar a reabertura das "prisões para crianças" a fim de nelas encerrar os "selvagens", depois deputados de esquerda sugerir, num relatório oficial enviado ao primeiro-ministro do mesmo governo, que sejam eventualmente lançados na prisão os pais dos jovens delinquentes que persistiriam em não retornar ao bom caminho?[69] Uma única citação, de um ministro "social", o da Saúde, interrogado (por ocasião do programa de TV *Public* de 20 de dezembro de 1998) sobre a resposta do governo às rebeliões dos jovens do bairro da Reynerie em Toulouse, depois que um dos seus fora abatido por um policial de gatilho fácil, vale a verificação *a fortiori* — a menos que não seja *per absurdum* — da banalização do tratamento penal da miséria social e de seus correlatos. Repetindo com dificuldade a conhecidíssima litania das causas profundas dessa explosão de violência coletiva, "com exclusão de tudo que você disse, de um certo modo, sobre saúde, escola, hábitat, trabalho", e omitindo polidamente a violência rotineira das forças da ordem e o achacamento policial dos jovens de origem estrangeira nesses bairros, Bernard Kouchner dispara essa forte afirmação: "Não se pode pensar em solucionar esse problema em termos apenas repressivos."[70] Declaração confirmada alguns dias mais tarde por sua homóloga da Justiça, Elisabeth Guigou, que julgou necessário dizer enfaticamente diante dos 1.500 secretários das seções do Partido Socialista reunidos na Mutualité no início de janeiro de 1999, e para quem, poderíamos ter pensado a priori, esse argumento seria *evidente*: "Não se pode encontrar soluções nem no todo-educativo nem no todo-repressivo. É preciso combinar os dois."[71]

A ascensão das forças da ordem à linha de frente da luta contra a pobreza — a menos que seja contra os pobres — é aliás confirmada pelo telegrama dirigido a todo o pessoal da polícia por ocasião do ano-novo de 1999 pelo ministro do Interior, de volta às suas funções.

A polícia foi instituída para combater a delinquência, o flagelo do banditismo ou da criminalidade. Pede-se bem mais a ela atualmente: combater o mal da exclusão social e seus efeitos tão destrutivos, responder aos sofrimentos provocados pela inatividade, a precariedade social e o sentimento de abandono, colocar um freio na vontade de destruir para mostrar que existimos. É aí que se situa hoje em dia a linha principal de nossas instituições, a linha de frente onde se situa a ação cotidiana dos senhores.[72]

Em termos claros, embora sua vocação não resida nisso e ela não tenha nem competência nem meios para isso, a polícia deve daqui em diante fazer a tarefa que o trabalho social não faz ou já não faz mais desde que se admite que não há(verá) trabalho para todos. À regulamentação da pobreza permanente pelo trabalho assalariado sucede sua regulamentação pelas forças da ordem e pelos tribunais.

A repressão penal, promovida a novo valor "de esquerda"

Assim como em dezembro de 1995 supunha-se que a "coragem" cívica e a "modernidade" política encarnavam-se no apoio ao Plano Juppé de redução do Estado-providência para "salvar" a previdência social (amanhã) reforçando a precariedade (imediatamente), hoje certos autoproclamados renovadores do debate público — são praticamente os mesmos[73] — empenham-se em acreditar na ideia de que a audácia progressista ordena que se abracem os clichês de segurança mais repisados, depois de umas pinceladas apressadas com o verniz gaiato do *made in USA*. Foi assim que os signatários do texto "Republicanos, não temamos!" que o *Monde* publicou em setembro de 1998 recorreram, para conferir a força moral da urgência a seu apelo em favor de uma nova penalidade ofensiva — mas, todavia, de esquerda —, a uma das figuras mais clássicas da retórica reacionária, "o tropo da ameaça", que em substância estipula: apressemo-nos em saquear um bem coletivo a fim de, pretensamente, salvaguardar outro ainda mais ameaçado e valioso. Nesse caso, abracemos a política da "lei e da ordem" implantada nos Estados Unidos e depois na Inglaterra, a fim de garantir a manutenção da democracia ameaçada e, assim, dar início à "refundação da República".[74]

"Refundar a República" requer não uma política ativa de luta contra a insegurança *econômica* e de redução das *desigualdades* sociais que prosperaram sob o efeito de duas décadas de austeridade monetária e orçamentária, quase ininterrupta, e do desemprego de massa daí decorrente, mas bem mais simplesmente (e economicamente) uma saudável invocação da autoridade do Estado, a firme inculcação da disciplina escolar e familiar e a aplicação rigorosa da lei, nada senão a lei, mas toda a lei. Sobretudo "na periferia de nossas cidades", no seio dessas "aberrações" que são as "zonas de povoamento étnico", que o artigo designa claramente como o incubador do mal. Pois seus habitantes sofreriam em primeiro lugar de um déficit não de empregos e de oportunidades de vida, mas de penalidade — em razão do fim do "respeito ancestral" outrora observado em relação às figuras (exclusivamente masculinas) da ordem ("o pai, o professor, o prefeito, o tenente, o colega de oficina, o funcionário de repartição") — e do "declínio da lei em favor da ação direta", quando não em favor da "lei do meio" e da "lei da selva". Régis Debray e seus cossignatários repetem assim — aparentemente sem sequer se dar conta — ponto por ponto, com 30 anos de atraso, a argumentação defendida por Richard Nixon em face das rebeliões urbanas e dos movimentos de protesto que sacudiam os Estados Unidos em 1968, breviário da reação social e racial que desde então esse país conhece.[75]

Zombando dos "militantes da justiça" à antiga (que eles próprios já foram), os quais, submetidos ao "princípio do prazer que é o princípio dos princípios", comportam-se como "irmãs de caridade" por um apego infantil à "lei do bom coração [que] gostaria de prevenir, e não reprimir", fustigando o recurso ao

"Estado SAMU* de uma parte do esquerdismo atual", nossos paladinos do fortalecimento do Estado penal na França clamam que é preciso restabelecer com urgência "o império da lei", a fim de permitir *eo ipso* "o acesso de todos à igualdade". Como se a diligência dos policiais e a severidade dos juízes fossem por si próprias, e como por mágica, abrir de par em par as portas da escola, do emprego e da participação cívica, ou ainda restaurar pela força a legitimidade de um poder político que sua política econômica e social desqualifica aos olhos daqueles mesmos que o sistema penal deve capturar em seu colimador. Com o argumento do pretenso "sucesso da doutrina dita da 'vidraça quebrada'" em Nova York, nova Jerusalém da religião da segurança à qual exortam, um depois do outro, a se converter, eles afirmam peremptoriamente que "é tendendo na direção de uma tolerância zero diante da pequena incivilidade que poderemos prevenir a incivilidade geral de amanhã" e finalmente domar a "selvageria na cidade". Para fazê-lo, é preciso "ousar" responsabilizar e punir, em suma, educar as parcelas das classes populares que de certo modo retornaram ao estado bárbaro, para não dizer animal (como o sugere o termo "selva").

O imperativo da responsabilidade — ele também diretamente importado dos Estados Unidos: é este o tema-fetiche das campanhas de Clinton, com seu mantra "responsabilidade, oportunidade, comunidade", já imitado, com o sucesso eleitoral conhecido, por Tony Blair do outro lado da Mancha — é estipulado por meio de uma salmodia: "responsabilizar os adultos em seu comportamento social, "responsabilizar os serviços de interesse geral", "responsabilizar os serviços de segurança pública diante das incivilidades cotidianas" (mas não sua hierarquia frente aos abusos, discriminações e desrespeitos em que esses mesmos serviços são useiros e vezeiros), "responsabilizar

---

* Alusão ao serviço de ajuda médica urgente, serviço público associado aos centros hopistalares que funcionam 24 horas por dia, enviando médicos e ambulâncias aos locais em que se precisa deles. (N.T.)

os estrangeiros pretendentes à naturalização" e "os parceiros internacionais da França", que insistem em lhe enviar esses imigrantes que ela não quer mais (maneira de insinuar um elo de causalidade entre imigração e criminalidade: é dominando esta que derrotaremos aquela),[76] "responsabilizar os alunos" "restabelecendo por toda parte o abc da disciplina", enfim, "responsabilizar os menores reduzindo a idade da responsabilidade penal" (como nos Estados Unidos e na Inglaterra, a qual, não é uma coincidência, acabava de votar uma lei autorizando o encarceramento dos pré-adolescentes e sua prisão por simples "comportamento antissocial"), alegando que atualmente pode-se "ser olheiro aos 10 anos, roubar um carro com 13 e matar com 16" (como se isso fosse uma novidade).

Punir com firmeza é o único meio de responsabilizar e consolidar as instituições, pois "a recusa de punir", advertem gravemente nossos intrépidos partidários da gestão penal (mas, apesar disso, republicana) da miséria, não é nada mais que "o primeiro passo para o inferno". Aparentemente desconhecendo a explosão dos efetivos presos na França por infração à legislação sobre drogas na década passada,[77] eles criticam a pretensa clemência do aparelho judiciário perante o uso e o tráfico das drogas leves. Lamentam abertamente que as "penas de regime fechado de menos de um ano não [sejam] mais aplicadas em diversas jurisdições", esquecendo, se porventura o sabiam, que, sem essa medida dita de dualização penal,[78] a população penitenciária dos países europeus teria, segundo toda probabilidade, seguido uma curva paralela àquela dos Estados Unidos. Eles fingem se indignar com o fato de que o sistema judiciário só resolve uma parte dos contenciosos que lhe são submetidos, o que sempre aconteceu, e isso em todos os países, e se espantar que faltem meios à Justiça. E, para tornar mais verossímil, como nos anúncios dos *reality shows* de cujo apelo partilham ("sem prejuízo de dramatizar o que está em jogo"), Régis Debray e seus cossignatários salpicam seu texto de referências catastrofistas a uma deriva à americana, com o fantasma das "zonas de povoamento étnico" (que bem gostaríamos de saber onde encontrar, salvo na imaginação deles), do "crack nas cidades" (complacentemente ressaltado num box pela redação do *Monde*), e de um laxismo judiciário tamanho que "as ações, *mesmo as mais assassinas, nunca* têm consequência" (o grifo é meu).[79]

Esse apelo, que se crê intrépido — seus autores dizem desafiar a censura "dos pensamentos autorizados dos bons autores" e a "intimidação" de não se sabe bem que *establishment* ideológico —, só tem de original sua pretensão a sê-lo, uma vez que se contenta em dar eco ao que se diz e trama nos corredores dos ministérios desde a chegada da "esquerda plural" ao poder. Ele repete, até no vocabulário, os slogans que orientam o revisionismo penal do governo Jospin desde a origem. Já em seu discurso de posse de junho de 1997, o novo primeiro-ministro elevara a "segurança" ao nível de "dever primordial do Estado". Seis meses mais tarde, o Colóquio de Villepinte sobre "Cidades seguras para cidadãos livres" oficializava essa promoção do imperativo da segurança como prioridade absoluta da ação governamental, em pé de igualdade com a luta contra o desemprego (no contexto da qual não é absolutamente questão, curiosamente, de aplicar a "tolerância zero" às violações patronais do direito do trabalho ou do direito social). Isso significa que seria errado não ver nessa tribuna senão a deriva, no final das contas lamentável, de esquerdistas e comunistas que, envelhecidos e aburguesados, descobrem tardiamente as virtudes da autoridade que eles odiaram e combateram com fervor em sua juventude, justo quando ela serve hoje em dia para preservar seu próprio conforto. Ela participa de fato do *aggiornamento* ideológico da esquerda governamental visando redefinir o perímetro e as modalidades de ação do Estado, num sentido restritivo no plano econômico e social, e expansivo em matéria policial e penal.

O raciocínio de Debray et al. repousa no postulado ingênuo segundo o qual a delinquência seria a exceção; e a conformidade à lei, a regra. Na verdade, é exatamente o contrário: por exemplo, todos os estudos sobre a frequência de infrações entre os jovens dos países europeus mostram que a imensa maioria dentre eles (entre dois terços e nove décimos) comete ao menos um ato delituoso ao longo de um ano (danos ao patrimônio e vandalismo, porte de armas, consumo de drogas, rixa ou desordem e violência extrafamiliar).[80] Mas, sobretudo, seu apelo denota um desconhecimento estarrecedor, mesmo que muito difundido, das realidades urbanas e penalógicas da França contemporânea, já que, por um lado, a suposta "explosão" da "violência urbana" nada tem de explosiva (como mostramos anteriormente pelo exame atento das estatísticas) e que, por outro lado, o endurecimento policial e judiciário que eles exigem a plenos pulmões já aconteceu, sem com isso trazer em sua esteira o menor sinal de "refundação republicana". A população penitenciária da França dobrou em 20 anos durante os quais os sintomas da "crise" da República não pararam de se multiplicar: será preciso que ela ainda duplique para que o mal encontre finalmente um remédio (como propõem hoje em dia os fanáticos do "todo-carcerário nos Estados Unidos)?

O Estado penal vigia:
os bairros abandonados sob vigilância especial[*]

O ministro do Interior, Jean-Pierre Chevènement, pediu ontem aos prefeitos, reunidos na Place Beauvau, que constituíssem "células de vigilância" para acompanhar os bairros mais sensíveis em matéria de violência urbana. Além dessas células, que serão constituídas "onde for necessário", Jean-Pierre Chevènement pediu aos prefeitos que garantam "a cooperação franca e regular dos serviços (segurança pública, informações gerais, polícia judiciária, polícia de fronteira, polícia civil). Eles deverão, além disso, "reunir, analisar e explorar as informações recolhidas por escritórios de coordenação e se aproximar dos procuradores da República para assegurar o processo judiciário das infrações cometidas em caso de violência urbana".

[*] Seção "Brèves", *L'Humanité*, 16 fev 1999

Os responsáveis pela esquerda governamental francesa não são os únicos a tocar as trombetas da "responsabilidade individual" e a preconizar um uso mais liberal das medidas repressivas para os jovens delinquentes, ou percebidos como tais, a fim de se autodiscernir gratuitamente um certificado de rigor judiciário e moral (e de passagem reafirmar por procuração sua própria probidade jurídica, bastante atacada nos últimos anos). Dispositivos similares, reduzindo a idade de responsabilidade penal dos adolescentes e instaurando a responsabilidade solidária dos pais em matéria civil e até penal, foram recentemente discutidos pelos parlamentos na Espanha e na Itália e são frequentemente mencionados no debate público na Holanda e na Alemanha. Eles já foram aplicados na Inglaterra, cabeça de ponte da "americanização" das práticas e das instituições penais na Europa — como demonstra, entre outras coisas, a Lei sobre o Crime e a Desordem, de 1998, que abole a *dole incapax* para as crianças de 10 a 13 anos, instaura toques de recolher para menores de 10 anos, e autoriza o regime de liberdade vigiada para pré-adolescentes a partir dos 10 anos e sua detenção a contar dos 12 por motivo de "comportamento antissocial".

Não é fortuito que a primeira prisão para crianças da Europa tenha aberto suas portas em Kent, na primavera de 1998, sob a égide de uma firma comercial e de um governo "neotrabalhista" que prende com mais ardor ainda que seu predecessor conservador. Pois, não contente em ser a locomotiva da "flexibilidade" em matéria de emprego e líder do desarmamento econômico unilateral do Estado pelo viés da desnacionalização desenfreada, a Inglaterra também cruzou o Rubicão da privatização em matéria carcerária: 11 prisões com fins lucrativos em funcionamento e cinco outras às vésperas de inaugurar ou em construção. Como nos Estados Unidos, a prisão dos imigrantes ilegais e o transporte com escolta dos detentos serviram, depois do tratamento da delinquência juvenil, de porta de entrada para os operadores comerciais, a quem se contrata muito generosamente para essas atividades.[81] E, como nos Estados Unidos, os diretores das firmas de encarceramento recrutam ativamente entre os altos funcionários da administração penitenciária, a fim de melhor difundir no seio do Estado a ideia segundo a qual o recurso ao setor privado é o meio indicado, ao mesmo tempo eficiente e econômico, para perseguir a inelutável expansão do aprisionamento da miséria.

Assim, propaga-se na Europa um *novo senso comum penal neoliberal* — sobre o qual vimos precedentemente como atravessou o Atlântico pelo viés de uma rede de "geradores de ideias" neoconservadoras e de seus aliados nos campos burocrático, jornalístico e acadêmico —, articulado em torno da maior repressão dos delitos menores e das simples infrações (com o slogan, tão sonoro como oco, da "tolerância zero"), o agravamento das penas, a erosão da especificidade do tratamento da delinquência juvenil, a vigilância em cima das populações e dos territórios considerados "de risco", a desregulamentação da administração penitenciária e a redefinição da divisão do trabalho entre público e privado,[82] em perfeita harmonia com o senso comum neoliberal em matéria econômica e social, que ele completa e conforta desdenhando qualquer consideração de ordem política e cívica para estender a linha de raciocínio economicista, o imperativo da responsabilidade individual — cujo avesso é a irresponsabilidade coletiva — e o dogma da eficiência do mercado ao domínio do crime e do castigo.

Inglaterra, cavalo de troia da "americanização" do penal

Terra de predileção dos "evangelistas do mercado" há décadas, a Grã-Bretanha, por um lado, privatizou seus serviços públicos, reduziu seus gastos sociais e generalizou a precariedade do trabalho assalariado, doravante instituída como verdadeira norma de emprego, à qual foram obrigados a se conformar, sob pena de punição, os beneficiários das magras ajudas públicas restantes.[83] Por outro, endureceu nitidamente sua política penal e ampliou o recurso ao encarceramento, de modo que, a exemplo dos Estados Unidos, o orçamento da administração penitenciária, de todos os itens dos gastos públicos, foi aquele que conheceu o maior crescimento desde 1979.

A população penitenciária da Inglaterra e do País de Gales aumentou lenta mas regularmente sob os governos de Margaret Thatcher, antes de cair notavelmente de 1990 a 1993 como decorrência da lei sobre a justiça criminal de 1991, provocada por uma onda de rebeliões carcerárias espetaculares. Em seguida, aumentou brutalmente entre 1993 e 1998, passando de menos de 45.000 detentos para quase 67.000 em apenas cinco anos, para atingir o pico recorde de 120 detentos para cada 100.000 habitantes, ao passo que o índice de criminalidade do país diminuía regularmente durante esse intervalo. No mesmo período, o número de prisioneiros "subcontratados" no setor comercial pulou de 198 para 3.707 (ou seja, um crescimento anual médio de 350%) e promete dobrar novamente nos três anos vindouros para atingir um décimo do "mercado" penitenciário inglês.[84] Com este impulso, a Inglaterra logo deverá alcançar, depois ultrapassar, os Estados Unidos na corrida para a inflação carcerária e a comercialização da punição.

Ao passo que nos Estados Unidos foram os empresários que impulsionaram o ressurgimento do encarceramento com fins lucrativos depois de meio século de sombra, no Reino Unido foi o Estado que tomou essa iniciativa, no âmbito de um política de privatização frenética com aspecto de cruzada. Concretização do dogma da superioridade do mercado em todos os domínios, essa política foi induzida, por um lado, pela imitação servil dos Estados Unidos, país pioneiro na "mercantilização" dos bens públicos sob a égide de Reagan (foi por ocasião de uma missão de estudo nos Estados Unidos em 1986, a convite da Corrections Corporation of America, que Sir Edward Gardiner, presidente da Comissão dos Assuntos Internos da Câmara, se converteu às virtudes do encarceramento privado), e, por outro, pelo trabalho de boicote ideológico efetuado pelos *think tanks* neoconservadores (um ressonante relatório do Adam Smith Institute publicado em 1987 recomenda pôr fim ao "monopólio público" no fornecimento dos "serviços carcerários") e avalizado pela guinada de certos intelectuais progressistas (que repetem o erro cometido por seus homólogos americanos uma década antes, pensando que qualquer reforma das prisões, em última instância, só pode acarretar um fortalecimento de seu componente reabilitativo).

Assim, as primeiras concessões penitenciárias foram assinadas em 1991, sem que o menor estudo jamais tenha vindo apoiar a ideia, considerada mais que evidente, segundo a qual o apelo ao setor privado se traduzirá necessariamente por uma redução dos custos e uma melhora dos "produtos". Em 1992, a administração penitenciária foi inclusive chamada a fazer licitação de concorrência para a recuperação da prisão de Manchester (completamente destruída pelas rebeliões de abril de 1990), a fim de demonstrar sua capacidade de "flexibilizar" o trabalho carcerário — como na Austrália, onde a introdução do encarceramento privado no estado de Queensland em 1989, em benefício de uma filial australiana da Corrections Corporation of America, tinha como objetivo explícito quebrar o sindicato da penitenciária.[85]

Quando estavam na oposição, os dirigentes do Partido Trabalhista juravam a seus grandes deuses que, logo que voltassem aos negócios, aboliriam o encarceramento com fins lucrativos, argumentando que "as companhias privadas não deveriam auferir lucro da punição estatal", pois "esta é uma prática moralmente repugnante". Ainda em 1994, prometiam devolver à competência pública todas as penitenciárias privadas criadas sob os Tories. Porém, a partir de abril de 1997, por ocasião da campanha eleitoral que devia abrir a Tony Blair as portas da Downing Street 10, os "neotrabalhistas" esboçavam uma guinada que ia se consumar por um alinhamento completo com a política penal e carcerária de seus adversários conservadores. Jack Straw, antigo homem de esquerda e futuro ministro do Interior, prometia em primeiro lugar honrar os contratos assinados com operadores comerciais, sob o pretexto de que seria muito oneroso para o governo rescindi-los; em contrapartida, porém, comprometia-se a não abrir novos estabelecimentos privados. Mal transcorrido um mês, ou seja, no dia seguinte à vitória eleitoral, Straw anunciava ao Parlamento não ser possível "nacionalizar" Blackenhurst, uma casa de detenção privada das

Midlands cujo contrato iria vencer. E convidava imediatamente as firmas carcerárias para participar de uma licitação para a construção de duas novas penitenciárias e a recuperação de uma terceira. De "prática moralmente repugnante", o recurso às prisões com fins lucrativos tornou-se prática comum, sendo atualmente parte integrante da política penitenciária britânica, a exemplo dos Estados Unidos.[86] Ele deve permitir inaugurar duas dezenas de novos estabelecimentos penais na década vindoura, uma vez que o governo trabalhista aposta na permanência da inflação penitenciária sem precedentes da década passada.

É que o New Labour assumiu como sua, ampliando-a, a política de penalização da miséria empreendida por John Major.[87] E por todos os motivos: ela é o complemento funcional indispensável à imposição do trabalho assalariado precário e sub-remunerado e da redução draconiana da cobertura social, da qual os neotrabalhistas fizeram a pedra angular de sua pretensa "terceira via" entre capitalismo e social-democracia. Desregulamentação econômica e sobrerregulamentação penal vão de par: *o desinvestimento social acarreta e necessita do superinvestimento carcerário*, único capaz de suprimir os deslocamentos decorrentes do desmantelamento do Estado-providência e a generalização da insegurança material que inelutavelmente daí resulta na base das estruturas de classes.

Isso significa que o futuro anuncia-se radioso para as quatro principais empresas que disputam o florescente mercado privado do embastilhamento dos pobres na Inglaterra: Group 4 (filial do conglomerado sueco Securitas International e líder do mercado, entre cujos dirigentes estão um antigo ministro e diversos altos funcionários encarregados da administração penitenciária que "passeiam" no domínio do encarceramento *for profit*), UKDS (United Kingdom Detention Services, filial da gigante americana do encarceramento, Corrections Corporation of America, e da empresa francesa de recuperação coletiva Sodexho, que já atende diversas prisões francesas em gestão semiprivada abertas no âmbito do "Plano 13.000" lançado sob o governo Chirac em 1986), Premier Prisons (oriunda da aliança da número dois americana Wackenhut com a inglesa Serco, responsável pelo tristemente célebre centro de retenção para estrangeiros de Gatwick) e finalmente Securitor (cujo diretor geral, irmão de um antigo deputado Tory, goza de estreita intimidade com a Direção da Polícia Metropolitana, e também com a Scotland Yard).

Tudo indica que essas empresas não deixarão de cruzar a Mancha e suas consortes dos Estados Unidos, o Atlântico, a partir do momento em que conseguirem provar que a privatização das prisões "se paga", a exemplo daquelas da indústria, da energia, dos seguros e dos negócios bancários, e sobretudo que é a única capaz de gerar e depois gerir as capacidades de aprisionamento requeridas para conduzir sem rodeios a flexibilização do trabalho e a penalização da precariedade.

Depois da Europa monetária, a Europa policial e penitenciária?

Se acrescentarmos a tudo isso a multiplicação das interferências e dos dispositivos contratuais visando (re)estabelecer a "segurança" (na escola, na empresa, no bairro, na cidade), a proliferação, através de todo o continente, de medidas visando prevenir ou reprimir os atentados ao bom agenciamento das relações em público — como os decretos municipais limitando ou proibindo a mendicância e as batidas policiais contra os sem-teto,[88] a instauração de toques de recolher para adolescentes, aplicados de maneira discriminatória nas zonas deserdadas (às vezes com absoluta ilegalidade, como na França), o desdobramento selvagem da videovigilância nos locais e nos transportes públicos e a popularidade de que desfruta a priori a vigilância eletrônica, ao passo que tudo indica que ela tende a se sobrepor ao encarceramento, e não a substituí-lo —, torna-se claro que esses desenvolvimentos não derivam unicamente de uma "negação histérica" de uma impotência patente perante a delinquência, que as autoridades admitem, aliás, de bom grado através de suas estratégias de responsabilização dos cidadãos e de delegação de fato do controle do espaço público, como sugere o penalista David Garland.[89] Elas exprimem uma tendência de fundo à expansão do *tratamento penal da miséria*, que, paradoxalmente, decorre precisamente do enfraquecimento da capacidade de intervenção social do Estado e do abandono de suas prerrogativas diante da figura supostamente onipotente do "mercado", isto é, a extensão da lei econômica do mais forte. E há razões para sugerir a hipótese segundo a qual esse deslizamento para uma gestão judiciária e carcerária da pobreza é tanto mais provável e pronunciado quanto mais intensamente a política econômica e social implantada pelo governo do país considerado inspire-se em teorias neoliberais que levam à "mercantilização" das relações sociais, e quanto menos protetor desde o início seja o Estado-providência em questão.

> Não por acaso a Inglaterra é, dos grandes países da União Europeia, o que exibe ao mesmo tempo o índice mais alto de encarceramento (e o índice que aumentou mais rapidamente nesses últimos anos), o mercado de trabalho mais "desregulamentado" (daí um nível de pobreza recorde e em notável crescimento), as desigualdades sociais mais profundas (e que se aprofundaram mais rapidamente que em qualquer outro lugar) e o sistema de proteção social mais intricado — assim como o mais "americanizado".[90] Tampouco é uma coincidência feliz o fato de os países escandinavos, que melhor resistiram às pressões internas e externas visando desmantelar o Estado social e onde as instituições de redistribuição e de divisão dos riscos coletivos são as mais solidamente enraizadas, serem também aqueles que menos aprisionam e onde o tratamento punitivo da insegurança social ainda permanece como um último recurso, mais que um primeiro reflexo, conforme o atesta o aumento moderado dos efetivos presos na Suécia, sua quase estagnação na Noruega e na Dinamarca, e sua queda espetacular na Finlândia (que marca assim seu realinhamento ao bloco social-democrata da área ocidental). Enfim, se os países latinos, Espanha, Portugal, Itália,

também viram sua população penitenciária crescer brutalmente nesses últimos anos, foi porque só recentemente ajustaram seus programas de ajuda social, já relativamente restritivos, e "modernizaram" seu mercado de trabalho, isto é, flexibilizaram a demissão e ampliaram as condições de exploração da mão de obra ao copiar o modelo britânico (por conseguinte, indiretamente, americano). Segundo um estudo comparativo envolvendo Inglaterra, País de Gales, França, Alemanha, Holanda, Suécia e Nova Zelândia, as diferenças internacionais nos índices de encarceramento e sua evolução não se explicam pelas defasagens entre os índices de criminalidade exibidos por esses países, mas pelas diferenças entre suas políticas sociais e penais e pelo grau de desigualdade socioeconômica que exibem.[91]

Tudo indica, no caso, que um nivelamento da Europa *social por baixo*, acarretando um novo abrandamento das regulamentações políticas do mercado de trabalho e um enfraquecimento contínuo das proteções coletivas contra os riscos da vida assalariada (desemprego, doença, aposentadoria, pobreza), seria inelutavelmente acompanhado de um nivelamento *por cima* da Europa *penal*, pelo viés da generalização das doutrinas e das políticas mais severas em matéria de crime e castigo. Uma tal convergência — um de cujos sinais precursores é a difusão entre os dirigentes da esquerda governamental europeia dos discursos e das medidas de segurança mais clássicos, envolvidos em um vocabulário falsamente "republicano" — traduzir-se-ia, sem encontrar resistência, por uma subida vigorosa da inflação carcerária e pelo endurecimento dos regimes de prisão sob o efeito combinado da falta de meios e do deslizamento repressivo das ideologias judiciárias que supostamente as justificariam, assim como a acusação de "laxismo" em matéria orçamentária e monetária encontraria seu paralelo na vergonha do "laxismo" em matéria policial e penal.

Vale dizer que, diante do desconto dos pretensos benefícios da "liberalização" da economia salarial em escala europeia, ou seja, da desregulamentação do mercado de trabalho que autoriza uma exploração maior da mão de obra, é urgente introduzir os custos financeiros, sociais e humanos astronômicos, e quase sempre invisíveis e mal-avaliados uma vez que *intercalados ou diferidos no tempo*, da vigilância policial e do aprisionamento da miséria, que são sua contrapartida sociológica na base da estrutura social. Como demonstraram Western e Beckett no caso americano, a curto prazo o aumento substancial da população encarcerada reduz artificialmente o índice de desemprego ao omitir das estatísticas uma importante reserva de pessoas em busca de emprego. Porém, a médio e a longo prazo, só pode agravá-lo ao tornar mais dificilmente empregáveis — até mesmo inempregáveis num mercado de trabalho desqualificado bastante concorrido — aqueles que estiveram presos.[92] A que se somam os efeitos do encarceramento sobre as populações e os lugares mais diretamente colocados sob tutela penal: estigmatização, interrupção das estratégias escolares, matrimoniais e profissionais, desestabilização das famílias, supressão das redes sociais, enraizamento, nos bairros deserdados onde a prisão se banaliza, de uma "cultura de resistência", até mesmo de desafio, à autoridade, e todo o cortejo das patologias, dos sofrimentos e das violências (inter)pessoais comumente associadas à passagem pela instituição carcerária.

Máquina varredora da precariedade, a instituição carcerária não se contenta em recolher e armazenar os (sub)proletários tidos como inúteis, indesejáveis ou perigosos, e, assim, *ocultar* a miséria e *neutralizar* seus efeitos mais disruptivos: esquece-se frequentemente que ela própria contribui ativamente para estender e perenizar a insegurança e o desamparo sociais que a alimentam e lhe servem de caução. Instituição total concebida para os pobres, meio criminógeno e desculturalizante moldado pelo imperativo (e o fantasma) da segurança, a prisão não pode senão empobrecer aqueles que lhe são confiados e seus próximos, despojando-os um pouco mais dos magros recursos de que dispõem quando nela ingressam, obliterando sob a etiqueta infamante de "penitenciário" todos os atributos suscetíveis de lhes conferir uma identidade social reconhecida (como filho, marido, pai, assalariado ou desempregado, doente, marselhês ou madrilenho etc.), e lançando-os na espiral irresistível da pauperização penal, face oculta da "política social" do Estado para com os mais pobres, que vem em seguida naturalizar o discurso inesgotável sobre a "reincidência" e sobre a necessidade de endurecer os regimes de detenção (com o obsessivo tema das "prisões três estrelas"), até que finalmente se comprovem dissuasivos.

A prisão como fábrica da miséria

Uma investigação aprofundada, levada a cabo sobre sete sítios penitenciários na França, mostra como a trajetória carcerária do preso pode ser descrita como uma sequência de choques e de rupturas comandadas, por um lado, pelo imperativo de segurança interna do estabelecimento, por outro, pelas exigências e os editos do aparelho judiciário, que escandem uma descida programada na escala da indigência — descida tanto mais abrupta quanto mais o detento é pobre na saída.[93] A entrada na prisão é tipicamente acompanhada pela perda do trabalho e da moradia, bem como da supressão parcial ou total das ajudas e benefícios sociais. Esse empobrecimento material súbito não deixa de afetar a família do detento e, reciprocamente, de afrouxar os vínculos e fragilizar as relações afetivas com os próximos (separação da companheira ou esposa, "colocação" das crianças, distanciamento dos amigos etc.). Em seguida vem uma série de transferências no seio do arquipélago penitenciário que se traduzem em outros tantos tempos mortos, confiscações ou perda de objetos e de pertences pessoais, e de dificuldades de acesso aos raros recursos do estabelecimento, que são o trabalho, a formação e os lazeres coletivos.

Enfim, seja autorizada, condicional ou soltura, a saída marca um novo empobrecimento, pelas despesas que ocasiona (deslocamentos, vestuário, presentes aos próximos, sede de consumo etc.) e porque revela brutalmente a miséria que o encarceramento havia temporariamente colocado entre parênteses. "Como instituição fechada que não raro considera os investimentos exteriores do detento como secundários, como lugar onde a segurança prevalece, e que coloca sistematicamente os interesses —

ou pelo menos a imagem que temos deles — do corpo social que se pretende proteger acima daqueles do detento, a prisão contribui ativamente para precarizar as magras aquisições de uma boa parte da população carcerária e para consolidar situações provisórias de pobreza."[94]

Esses dados de campo sobre a indigência carcerária são confirmados pela estatística penitenciária: na França, quando são libertados, 60% dos egressos encontram-se sem emprego, 12% sem teto e mais de um quarto não dispõe de dinheiro algum — ou, para ser mais preciso, de menos de 100 francos, limiar aquém daquele para o qual a administração se digna conferir o status de "indigente" e lhes outorgar um socorro (os detentos estrangeiros estão numa situação ainda mais desamparada, com 68%, 29% e 30% respectivamente). A metade nunca recebeu a visita de um próximo durante sua temporada atrás das grades e aproximadamente um terço não tem ninguém a esperá-los à sua saída. E um detento em cada três acumula pelo menos três desses problemas, tornando qualquer reinserção mais do que aleatória, considerando a fragilidade dos meios que lhes são destinados no exterior e a multiciplicidade dos obstáculos com os quais os antigos "presidiários" se veem confrontados.[95]

Mas ainda há coisas piores: os efeitos pauperizantes do penitenciário não se limitam apenas aos detentos, e seu perímetro de influência estende-se bem além dos muros, na medida em que *a prisão exporta sua pobreza*, desestabilizando continuamente as famílias e os bairros submetidos a seu tropismo. De modo que o tratamento carcerário da miséria (re)produz sem cessar as condições de sua própria extensão: quanto mais se encarceram pobres, mais estes têm certeza, se não ocorrer nenhum imprevisto, de permanecerem pobres por bastante tempo, e, por conseguinte, mais oferecem um alvo cômodo à política de criminalização da miséria. A gestão penal da insegurança social alimenta-se assim de seu próprio fracasso programado.

Nenhuma solidariedade para os detentos da França

Os Estados Unidos excluem sistematicamente da redistribuição social seus dois milhões de prisioneiros. A França não se comporta muito melhor, uma vez que seus 54.000 detentos são amplamente mantidos afastados dos benefícios mínimos aos quais podem pretender, em virtude de sua posição marginal no mercado de emprego e da fraqueza de sua poupança e seu patrimônio (quando os possuem).

Embora, no melhor dos casos, possam continuar a receber o mínimo-velhice, o mínimo-invalidez e o subsídio para viuvez, o que é evidente e estatisticamente improvável, eles são em contrapartida proibidos de receber o subsídio específico de solidariedade (ASS), o subsídio para parente isolado (API) e desembolsos dos seguros de desemprego (embora eles próprios sejam seus cotistas). E um "decreto de aplicação [regulamentado] traidor" — para retomar a expressão ponderada de Jean-Michel Belorgey, que foi o relator da lei sobre o RMI na Assembleia Nacional[a] —, dissimuladamente ditado pelo governo Rocard em dezembro de 1988, os afasta da Renda Mínima de Inserção a contar do sexagésimo dia de detenção, quando inclusive se sabe que, se existe uma população para quem uma ajuda pecuniária e um apoio durável para a inserção são ambos vitais, no sentido forte, são decerto os presos.

O pagamento do RMI aos detentos que a ele têm direito "fora" apresentaria quatro virtudes. De um lado, contribuiria para atenuar as imensas desigualdades de classe que marcam a experiência da prisão e contrapõem-se gravemente ao princípio de justiça. Ao fazê-lo, facilitaria a manutenção da paz penitenciária minimizando os tráficos, chantagens e violências que alimentam a indigência material extrema de uma grande parte dos reclusos (é por essa razão que muitos diretores de prisão são favoráveis a isso). Assim, é um segredo de polichinelo entre agentes penitenciários o fato de que um bom número de detentos tem de se prostituir[b] para obter o necessário da vida cotidiana, sabonete (que serve ao mesmo

> tempo para higiene, louça e roupa), material higiênico, cigarros ou ainda para ir à cantina e melhorar sua alimentação ou adquirir remédios, sem nem mesmo falar dos estudos, pagos e fora das condições financeiras dos detentos que mais necessidade têm deles. O Estado não se contenta aqui em privar de liberdade: obriga também à miséria material e moral.
>
> Em terceiro lugar, o RMI ajudaria a preservar a solidariedade familiar, evitando que o detento se tornasse subitamente um fardo para seus próximos. O preço da prisão para os parentes pode se verificar proibitivo, pois aos rendimentos perdidos do prisioneiro somam-se os gastos consideráveis que sua reclusão acarreta (mandatos, roupa de cama, pecúlio para a cantina, deslocamentos para as visitas, custos de advogado e de justiça etc.). Finalmente e sobretudo, conceder esses benefícios àqueles que preenchem os requisitos para tal segundo as regras do direito comum é marcar simbolicamente que os prisioneiros fazem sempre parte da comunidade dos cidadãos (ou dos residentes), além de melhor preparar seu eventual retorno à sociedade. Não existe justificativa jurídica alguma, e ainda menos penalógica, para essa privação dos direitos sociais, que se assemelha a uma "punição dupla" para os nativos — os estrangeiros já sendo amplamente excluídos do RMI fora da prisão.
>
> a. "Les détenus sont des pauvres comme les autres", *Dedans Dehors*, 8, jul-ago 1998, p.3
> b. Sobre as diversas formas de violência sexual no meio carcerário, sua incidência, sua significação e seus efeitos, ler Daniel Welzer-Lang, Lilian Mathieu e Michaël Faure, *Sexualités et violences en prison*, Lyon, Aléas, 1995

Seja como for, *o Estado penal europeu já está em vias de instauração na prática*, ao passo que a construção de um eventual Estado social continental ainda vegeta no estágio do esboço e dos anseios piedosos. Pois a Europa da livre circulação dos capitais e das pessoas é também a da cooperação policial, judiciária e penitenciária, e essa cooperação se intensificou bastante na esteira dos recentes avanços da integração econômica e monetária.[96] Assim, como descreveu o cientista político Didier Bigo, as redes de relações informais e contatos interpessoais tecidas nos anos 1970 no seio dos grupos de luta contra a droga, clubes de antiterrorismo (de Berna, Trevi, Quantico e Kilowatt) e colóquios entre policiais europeus foram captadas e formalizadas pelos acordos de Schengen em 1985 e 1990. Esses acordos estenderam o direito de observação e de perseguição transfronteiriças, destacaram funcionários de ligação junto a serviços de polícia dos outros Estados e criaram o "sistema informatizado Schengen", ou SIS, um banco de informações sediado em Estrasburgo que contém as fichas comunicadas por todos os países signatários sobre as pessoas implicadas na grande criminalidade, assim como sobre os estrangeiros que foram objeto de recusa de visto ou entrada na fronteira. O tratado de Maastricht institucionalizou a cooperação policial em matéria de luta contra o terrorismo, o banditismo organizado, a criminalidade transfronteiriça e a droga. O Comitê dito K-4, criado sob a égide do Conselho de Justiça e dos Assuntos Internos pelo capítulo VI do tratado, tem igualmente por missão favorecer a harmonização das políticas dos Estados membros tanto no domínio da justiça civil e penal como no da imigração e do direito de asilo.

Pois esses acordos, convenções e comissões que proliferam e agem na penumbra do campo burocrático europeu nascente estenderam a noção de "segurança interna" de maneira a incluir a entrada e a circulação transfronteiriça dos estrangeiros dos países externos fora da esfera euro-americana, definidos de fato como uma ameaça contra a integridade do território que eles são encarregados de governar — o "espaço Schengen", esperando cobrir o conjunto dos países membros da União. O acoplamento político-administrativo fronteira-crime-imigração participa da demonização do estrangeiro (não euro-americano) e reforça o amálgama entre imigração e insegurança, que alimenta as virulentas correntes xenófobas surgidas nesses últimos anos na maior parte das sociedades da Europa ocidental.

A convenção Europol, em discussão desde 1995, vai desembocar imediatamente na instituição de um departamento europeu de polícia, organismo dotado de uma personalidade jurídica independente, estabelecido também em Estrasburgo, o que prefigura uma eventual polícia federal na escala da União. Enfim, há duas décadas, as direções das administrações penitenciárias dos países membros do Conselho da Europa reúnem-se regularmente (duas vezes por ano atualmente) no seio do Conselho de Cooperação Penalógica a fim de confrontar suas experiências, definir normas comuns de detenção e harmonizar suas práticas. A criação do mercado único depois da década de 1980, portanto, foi acompanhada de uma aceleração da europeização das polícias e da segurança, promovida ao nível de "terceira obra, decerto discreta, até secreta, mas que vem sendo construída mais rapidamente que, e mobiliza quase tanta energia e pessoal quanto, as da Europa monetária e da Europa da defesa, muito mais midiáticas". E, do mesmo modo que a ascensão do Estado penal nos Estados Unidos tem efeitos diametralmente opostos nas duas extremidades da hierarquia social e racial, o desenvolvimento da polícia à distância e da polícia em rede em escala europeia se abre para uma "era de maior liberdade de circulação para o maior número de cidadãos, uma vez que concentra a vigilância nas minorias e nos fluxos transfronteiriços,"[97] que são de fato submetidos a uma vigilância discriminatória tanto em seu princípio como em suas modalidades.

Nesse contexto, a experiência de alguns países, que, por uma política voluntarista, chegaram a reduzir ou a estabilizar suas populações penitenciárias no período recente — sobretudo generalizando as multas, ampliando as liberdades condicionais e sensibilizando os juízes para as realidades concretas do mundo carcerário —, assume um valor analítico e político todo particular (ver TABELA 5). Assim, entre 1985 e 1995, a Áustria fez seu índice de encarceramento recuar em 29%, a Finlândia em 25% e a Alemanha em 6% (e isso desde antes da unificação). Esse índice permaneceu estável tanto na Dinamarca como na Irlanda. E esses movimentos de despovoamento penitenciário não tiveram nenhuma incidência negativa sobre o nível da criminalidade.[98]

TABELA 5
Deflação carcerária em três países europeus 1983-97

País	1983	1990	1997	Crescimento
Alemanha Ocidental	62.525	48.548	60.489	-4%
Áustria	8.387	6.231	6.954	-8%
Finlândia	4.709	3.106	2.798	-41%

Fonte: Pierre Tournier, *Statistique pénale annuelle du Conseil de L'Europe, Enquête 1997*, Estrasburgo, Conselho da Europa, 1999

Os resultados obtidos por essas sociedades nos lembram que tanto em matéria penal como em matéria social, se é que ainda somos capazes, nas regiões mais baixas do espaço social, de distinguir esses dois registros da ação pública sem ser por comodidade de linguagem, estamos sempre no que Marcel Mauss chama de "domínio da modalidade". Assim como o trabalho assalariado precário, a inflação carcerária não é uma fatalidade natural ou uma calamidade ordenada por alguma divindade longínqua e intocável: ela é resultado de preferências culturais e de decisões políticas que exigem ser submetidas a um amplo debate democrático. Como todo fenômeno social, segundo Mauss, ela é "obra de vontade coletiva, e quem diz vontade humana diz escolha entre diferentes opções possíveis".[99] É urgente que essas opções sejam claramente identificadas e avaliadas como tais, e não selecionadas na penumbra ou (pior) às cegas para em seguida ser apresentadas como outras tantas evoluções inelutáveis e irreparáveis.

Em todo caso, a experiência americana demonstra que não conseguiríamos, nem atualmente nem no final do século XIX, separar política social e política penal, ou, para resumir, mercado de trabalho, trabalho social (se é que ainda se pode chamá-lo assim), polícia e prisão, sem compreendermos ambas e suas transformações conexas.[100] Pois, por toda parte onde chega a se tornar realidade, a utopia neoliberal carrega em seu bojo, para os mais pobres mas também para todos aqueles que cedo ou tarde são forçados a deixar o setor do emprego protegido, não um acréscimo de liberdade, como clamam seus arautos, mas a redução e até a supressão dessa liberdade, ao cabo de um retrocesso para um paternalismo repressivo de outra época, a do capitalismo selvagem, mas acrescido dessa vez de um Estado punitivo onisciente e onipotente. A "mão invisível" tão cara a Adam Smith certamente voltou, mas dessa vez vestida com uma "luva de ferro".

Os Estados Unidos claramente optaram pela criminalização da miséria como complemento da generalização da insegurança salarial e social. A Europa está numa encruzilhada, confrontada com uma alternativa histórica entre, de um lado, há algum tempo, o encerramento dos pobres e o controle policial e penal das populações desestablilizadas pela revolução do trabalho assalariado e o enfraquecimento da proteção social que ela requer e, de outro, e a partir de agora, *a criação de novos direitos do cidadão* — tais como o salário de subsistência, independentemente da realização ou não de um trabalho,[101] a educação e a formação para a vida, o acesso efetivo à moradia para todos e a cobertura médica universal —, acompanhada de uma reconstrução efetiva das capacidades sociais do Estado, de modo a conduzir rapidamente à criação de um Estado social europeu digno do nome. Dessa escolha depende o tipo de civilização que ela pretende oferecer a seus cidadãos.

Posfácio: Uma sociologia cívica da penalidade neoliberal*

Loïc Wacquant

Este livro é um exercício de *sociologia cívica*, isto é, uma tentativa de utilizar as ferramentas das ciências sociais para participar de um debate público atual de extrema significação para a sociedade e influir sobre ele.[1] O assunto do debate é o *papel ascendente de uma política penal voltada para a prisão e a punição*, discernível nas sociedades mais avançadas durante as últimas décadas do século XX e desde então. O alvo inicial foi a França e seus vizinhos, como importadores ávidos das categorias, dos slogans e das medidas de controle de crimes elaboradas nos anos 1990 nos Estados Unidos como veículos para a substituição histórica feita por esse país do bem-estar social pela gestão penal da marginalidade urbana. O objetivo foi escapar da política e do discurso da mídia dominante, que promovem a difusão dessa nova *doxa* punitiva, e alertar os acadêmicos, líderes cívicos e cidadãos interessados da Europa para as origens duvidosas dessa difusão, bem como para as medonhas consequências sociais e os perigos políticos do crescimento e da glorificação do braço penal do Estado. No momento em que o escrevi, não esperava me aventurar mais profundamente no que era então para mim um campo de investigação novo e estranho. Eu havia trazido o aparato da justiça para meu âmbito analítico em razão de seu estupendo crescimento no gueto negro em implosão nos Estados Unidos e de sua utilização agressiva em

---

* Prefácio a *Prisons of Poverty* (Minneapolis, University of Minnesota Press, 2009), a edição revista e ampliada em língua inglesa de *Les Prisons de la misère* (Paris, Raisons d'Agir Éditions, 1999).

torno dele após o declínio do movimento pelos direitos civis, e estava firmemente decidido a retornar às questões da desigualdade urbana e da dominação etnorracial.[2] Ao longo do caminho, porém, dois desenvolvimentos inesperados me estimularam a continuar nessa linha de pesquisa e ativismo intelectual.

A tempestade global da "lei e ordem": um relatório de campo

O primeiro foi a acolhida incomum que o livro teve, na França e depois nos países que se apressaram em traduzi-lo, cruzando as fronteiras que separam o conhecimento científico, a militância cidadã e a formulação de políticas. O segundo foi o fato de que a tese dupla que ele propõe — que um novo "bom senso punitivo" forjado nos Estados Unidos como parte do ataque ao Estado de bem-estar está atravessando rapidamente o Atlântico para se ramificar pela Europa ocidental, e que essa disseminação não é uma resposta interna a mudanças na incidência e no perfil da criminalidade, mas um fruto da difusão externa do projeto neoliberal — recebeu uma espetacular e evidente validação quando *Les Prisons de la misère* foi publicado numa dúzia de línguas, poucos anos após seu lançamento. Essa reação estrangeira apaixonada proporcionou-me a oportunidade de viajar por três continentes para pôr à prova a viabilidade e a pertinência de seus argumentos. Permitiu-me verificar que a popularidade global do "modelo nova-iorquino" de policiamento, encarnado por seu ex-chefe William Bratton e pelo prefeito que o havia contratado (e que o demitiu), Rudolph Giuliani, é de fato a ponta do iceberg de uma reforma maior da autoridade pública, um elemento numa sucessão mais ampla de transferência transnacional de políticas que abarca a reorganização flexível do mercado de trabalho desqualificado e a transformação restritiva do *welfare* no *workfare*, segundo o modelo fornecido pelos Estados Unidos pós-fordistas e pós-keynesianos.[3] Um relato seletivo da trajetória meteórica da edição original de *As prisões da miséria* através de esferas de debate e fronteiras nacionais pode nos ajudar a discernir melhor o que está em jogo na discussão intelectual e nas lutas políticas a que ele se alia, as quais dizem respeito menos ao crime e à punição que à *reengenharia do Estado* para promover as condições econômicas e sociomorais que se aglutinam sob o neoliberalismo hegemônico e responder a elas.

Desde o princípio, o livro transpôs as fronteiras entre as esferas acadêmica, jornalística e civil. Na França, *Les Prisons de la misère* foi literalmente lançado a partir do coração da instituição carcerária. Numa tarde cinzenta e fria de novembro de 1999, apresentei os frutos de minhas investigações ao vivo no Canalweb e na Télé la Santé, uma estação de televisão interna, dirigida pelos detentos na prisão de La Santé, no coração de Paris, e mais tarde voltei a debatê-los, noite adentro, com todo o pessoal e os recrutas da Escola Nacional de Treinamento para Pessoal Correcional em sua cantina lotada, bem perto da cidade. Em semanas, a discussão estendeu-se aos principais órgãos de imprensa e a foros acadêmicos e ativistas tão diversos quanto a École Normale Supérieure em Paris e a feira anual do partido trotskista Lutte Ouvrière, a Maison des Sciences de l'Homme em Nantes e um *débat de bar* promovido pelo Partido Verde em Lyon, o Centro Nacional de Pesquisa Científica e a École de la Magistrature (a academia francesa para os juízes), e encontros públicos por todo o país, patrocinados por entidades tão variadas quanto Les Amis du Monde Diplomatique, a Anistia Internacional, Attac, a Liga dos Direitos do Homem, Raisons d'Agir, o Genepi (Agrupamento Nacional de Estudantes para o Ensino a Pessoas Encarceradas), universidades locais e associações de bairro, vários partidos políticos e uma das maiores lojas maçônicas do país. Um encontro público sobre "A penalização da pobreza" que durou o dia todo, organizado em maio de 2000 na Maison des Syndicats em Montpellier, minha cidade natal, exemplificou esse espírito de discussão aberta e vigorosa, reunindo cientistas sociais, advogados e magistrados, e ativistas e representantes dos sindicatos, abarcando os mais diversos braços do Estado: educacional, da saúde, da previdência, da justiça para a juventude e correcional.[4] Logo *Les Prisons de la misère* foi adaptado para o teatro (e encenado nos Rencontres de la Cartoucherie, em junho de 2000), seus argumentos inseridos em filmes publicitários, trechos seus reproduzidos em antologias acadêmicas, fanzines libertários e publicações do governo. E eu fui convidado pela Organização Internacional do Trabalho a apresentá-lo no Fórum 2000 das Nações Unidas em Genebra, onde representantes de vários países insistiram para que eu viajasse a fim de fomentar a discussão política em diversas partes do mundo.

Foi difícil recusar esses convites, pois, em questão de meses, o livro foi traduzido e lançado numa meia dúzia de países, desencadeando um dilúvio de telefonemas de universidades, centros de direitos humanos, governos municipais e regionais, e as mais diversas organizações profissionais e políticas, ansiosas para debater as implicações do livro em nações tão distantes como a Itália e o Equador, o Canadá e a Hungria, e a Finlândia e o Japão (ele está publicado agora em vinte línguas). Na Península Ibérica, *Les Prisons de la misère* foi logo traduzido não só para o espanhol, mas para catalão, galego e português. Na Bulgária, meu tradutor foi convidado para apresentar os argumentos da obra na televisão nacional, já que não pude viajar até Sófia para fazê-lo eu mesmo. No Brasil, o lançamento da primeira edição de *As prisões da miséria*, patrocinado pelo Instituto Carioca de Criminologia e pelo Programa de Direito Criminal da Universidade Cândido Mendes, teve como atração principal um debate com o ministro da Justiça e um ex-governador do estado do Rio de Janeiro e foi coberto pelos principais jornais do país (talvez intrigados pelo título que eu dera à minha preleção: "Acaso a burguesia brasileira deseja restabelecer uma ditadura?").[5] Poucas semanas depois a tese do livro era invocada por jornalistas, professores e advogados, além de ter sido citada em uma decisão do Supremo Tribunal Federal. Na Grécia, seu lançamento ancorou uma conferência de dois dias, copatrocinada pela embaixada da França em Atenas, sobre "The Penal State in the United States, France and Greece" [O Estado penal nos Estados Unidos, na França e na Grécia], reunindo cientistas sociais, juristas, historiadores, funcionários da justiça e uma variedade de repórteres. Na Dinamarca, a Associação Nacional de Assistentes Sociais patrocinou a publicação de *De Fattiges foengsel* como munição acadêmica para a resistência à assunção gradual e lenta da tarefa de supervisão punitiva dos pobres por assistentes sociais. Na Turquia, o livro circulou através da Escola para Diretores de Polícia do país, numa tradução não autorizada produzida por um comissário de polícia que o lera quando fazia seus estudos de sociologia na França, até ser publicado numa edição legal.

Mas foi a visita que fiz à Argentina, em abril de 2000, que melhor revelou como era sensível o nervo sociopolítico que o livro atingira. Foi a primeira vez que pus os pés naquele país; não tinha nenhum conhecimento prévio de sua polícia, sua justiça e suas instituições e tradições correcionais. No entanto, era como se eu tivesse formulado uma estrutura analítica destinada a apreender e elucidar o que ocorria naquele exato momento na Argentina. Ao desembarcar em Buenos Aires, na fase final de uma acalorada campanha para as eleições municipais — em que os candidatos da esquerda e da direita haviam, ambos, feito do combate ao crime com métodos inspirados pelos Estados Unidos sua prioridade máxima —, apenas um mês após o apóstolo global da "tolerância zero", William Bratton, ter aportado na cidade para pregar seu evangelho político, vi-me apanhado no olho de um furacão intelectual, político e midiático. Em dez dias, fiz 29 palestras para audiências acadêmicas e de ativistas, tive conversas com funcionários do governo e juristas, e dei entrevista aos mais variados órgãos da imprensa escrita, de televisão e rádio. Ao cabo de uma semana, eu estava sendo parado nas ruas de Buenos Aires por transeuntes ansiosos por fazer mais perguntas sobre *Las cárceles de la miseria*. Foi, tanto então como em retrospecto, uma experiência surreal, expressa em parte por este relatório de campo enviado a um correspondente nos Estados Unidos no dia 26 de abril de 2000 à 1h46 da madrugada do Aycucho Hotel:

... Comecei às 8h30 da manhã com uma pequena entrevista a uma destacada personalidade do rádio em uma rádio comercial local. Em seguida rumei para o Ministério do Interior, onde tive uma sessão de duas horas e meia com os principais conselheiros dos ministros da Justiça e do Interior (polícia), sete no total, seis dos quais haviam claramente lido o livro (um deles de cabo a rabo, enchendo-o todo de anotações), sessão concluída pelo autógrafo cerimonial de dois exemplares para os dois ministros... De lá fomos despachados para uma livraria-bar onde ouvi a mim mesmo conclamando "as mulheres argentinas a resistir à tolerância zero e ao Estado penal" numa entrevista a *Luna*, uma chamativa revista feminina (a prima argentina da *Cosmopolitan*)...

Para distrair, visitamos várias livrarias em que *Las Cárceles de la miseria* estava exibido com destaque em vitrines e sobre mesas, e onde recebi as efusivas congratulações e os agradecimentos admirados dos donos das lojas. Um deles apresenta um programa de rádio, de modo que dei mais uma entrevista improvisada ali mesmo para ser levada ao ar mais tarde. Às cinco da tarde, após um breve descanso, dirigimos até o *La Nación* (o equivalente do *Le Monde*) para mais uma longa entrevista (e mais uma longa sessão de fotos: tiraram mais fotos de mim em três dias do que nas três décadas anteriores), em que me atrevi a comparar a tolerância zero ao retorno da ditadura sobre os pobres. À medida que o dia avançava eu ficava mais político e mais assertivo.

Às sete da noite eu estava completamente exausto, mas o principal evento ainda estava se aproximando: uma conferência pública, seguida de debate, no Centro Cultural Ricardo Rojas, transmitida por televisão a cabo, com o maior estudioso jurídico de prisões do país, o diretor da Administração Nacional das Penitenciárias (você poderia imaginar isto nos Estados Unidos?), o chefe do Departamento de Sociologia da UBA (Universidade de Buenos Aires) e um "especialista em segurança" que é também o principal conselheiro do candidato de esquerda às próximas eleições municipais, depois que o referido candidato, Anibal Ibarra, preferiu não participar do debate porque o crescente rumor entre jornalistas e políticos (o que poderia prejudicá-lo nas urnas) é que "*Cavallo* [o candidato da direita] *corre com Bratton* [que já veio aqui duas vezes este ano para mascatear suas mercadorias] *e Ibarra corre com Wacquant*"! (Enquanto escrevo, acho difícil acreditar que não estou inventando tudo.) Acrescente-se a isto que o juiz que é o principal responsável por todos os juízes e promotores públicos da província de Buenos Aires apareceu e rogou que eu viajasse para La Plata (a capital regional) amanhã, e fizesse uma apresentação especial para o plenário dos magistrados do estado.

O auditório estava completamente repleto, quente, abafado, com cerca de trezentas pessoas numa sala projetada para metade disso, sentadas no chão, nos corredores, de pé, apertadas como sardinhas em lata contra as paredes. Tive medo de pirar. Mas, num estado que beirava a inconsciência, dei uma palestra completamente improvisada. Havia eletricidade no ar... Depois o debate se prolongou até as onze, transformando-se vez por outra numa batalha verbal, com todo mundo arrebatado, gritando e gesticulando (o que, pelo que disseram, é o padrão típico das discussões argentinas: *es la pasión*), com perguntas comoventes sobre violência policial feitas por pessoas que haviam sido torturadas, ou sobre os "desaparecidos" e a corrupção do Estado (um problema que sugeri que fosse enfrentado tomando os políticos ao pé da letra e aplicando a "tolerância zero" a casos de suborno e fraude oficiais), após o quê fui cercado pela multidão, recebi pedidos para autografar livros e mais perguntas em particular.

Quando por fim consegui me desvencilhar da multidão, e pensei que iria cair morto ali mesmo de exaustão, tensão e calor, fui arrastado para um estúdio de TV no mesmo prédio para dar mais uma entrevista para o canal dirigido por aquele centro cultural. E não menciono que uma entrevista de página inteira comigo — "La globalización es un invento norteamericano" — foi publicada hoje no *Página 12*, o principal jornal diário de esquerda, e que, enquanto eu falava, também apareci na televisão às dez da noite no programa sobre assuntos públicos de Horacio Verbitsky [eminente jornalista político]. Mais tarde, ouvi dizer que o ministro da Justiça pedira que eu fizesse outra apresentação no dia seguinte para todo o *staff* do ministério. Amanhã tenho mais sete entrevistas marcadas e uma palestra pública a respeito de "Sobre as artimanhas da razão imperialista" ("The Cunning of Imperialist Reason"). Meu editor está tentando rifar meu único diazinho de descanso no Uruguai (logo do outro lado do rio da Prata) para enxertar mais uma dúzia de outras entrevistas, ao que até agora resisti com sucesso.

Quero enfatizar que o objetivo desta recapitulação não é sugerir que a acolhida estrangeira a *Prisões da miséria* fornece uma medida adequada de seus méritos analíticos, mas dar uma ideia da ampla disseminação e da febre que o fenômeno que ele investiga provoca nos campos político, artístico e intelectual de sociedades do Primeiro e Segundo Mundo. O mundo vem sendo de fato assolado por uma tempestade de "lei e ordem", que transformou o debate público e a política sobre crime e punição de maneiras que nenhum observador da cena penal poderia ter previsto doze anos atrás. A razão por trás da inusitada paixão despertada pelo livro foi a mesma que na França. Em todos esses países, o mantra do policiamento com "tolerância zero" e da "prisão funciona", venerado por autoridades americanas e exibido pela dupla Giuliani-Bratton como a causa da queda aparentemente miraculosa da criminalidade em Nova York, estava sendo aclamado por funcionários locais. Em toda parte políticos da direita e, *o que é mais significativo, da esquerda*[6] competiam para importar os mais recentes métodos americanos de imposição da lei, apresentados como panaceia para sanar a violência urbana e desordens variadas, enquanto céticos e críticos desses métodos tentavam encontrar argumentos teóricos, dados empíricos e barreiras cívicas com os quais impedir a adoção do confinamento punitivo como técnica generalizada para o manejo da insegurança social descontrolada.

Explorando o *"consenso de Washington"* sobre o combate ao crime

A rápida difusão internacional do livro transformou-se num experimento não planejado na política do conhecimento científico social. Ela revelou que, embora eu tivesse mirado com minha análise o cerne da União Europeia, o modelo do vínculo entre neoliberalismo e tratamento punitivo da insegurança esboçado nele era ainda mais pertinente à periferia do Velho Mundo, apanhada nos estertores da conversão pós-soviética, e aos países do Segundo Mundo marcados por uma história de autoritarismo, uma concepção hierárquica de cidadania e pobreza em massa, sustentada por desigualdades sociais excessivas e crescentes, em que a penalização da pobreza terá por certo consequências calamitosas.

Desse ângulo, as sociedades da América Latina, que haviam se envolvido na experimentação precoce de uma desregulação econômica radical (isto é, rerregulação em favor de empresas multinacionais) e depois caído sob a tutela de organizações financeiras internacionais que impunham dogmas monetaristas, constituíam um terreno mais propício para a adoção de versões severas do populismo penal e a importação de estratagemas americanos de combate ao crime. Em síntese, as elites dominantes das nações seduzidas — e depois transformadas — pelos "Chicago Boys" de Milton Friedman nos anos 1970 estavam fadadas a se apaixonar pelos "New York Boys" de Rudy Giuliani nos anos 1990, quando chegou a hora de lidar com a proliferação das consequências da reestruturação neoliberal e enfrentar a instabilidade social endêmica e as perigosas desordens urbanas geradas pela reforma do mercado na base da estrutura de classes dualizante. Não foi por acaso que o Chile, o primeiro na América Latina a abraçar as políticas ditadas pelos "doutores do dinheiro" da Universidade de Chicago,[7] logo se tornou o campeão continental do encarceramento e viu sua taxa de aprisionamento saltar de 155 por 100 mil em 1992 para 240 em 100 mil em 2004, enquanto a taxa do Brasil saltou de 74 para 183 e a da Argentina de 63 para 140 (com a do Uruguai, preso entre eles, subindo de 97 para 220).[8] Por todo o continente, há não só um agudo medo público da infecciosa criminalidade urbana, que cresceu lado a lado com disparidades econômicas na esteira do retorno do governo democrático e do descompromisso social do Estado, e uma intensa preocupação política com os domínios e as categorias do problema. Há também um conjunto comum de soluções punitivas — a ampliação dos poderes e das prerrogativas da polícia centrados em infrações de rua e infrações associadas às drogas; a aceleração e o endurecimento do processo judicial; a expansão da prisão como depósito; e a normalização da "penalidade de emergência" aplicada de maneira diferencial através do espaço social e físico[9] — *inspiradas ou legitimadas por panaceias vindas dos Estados Unidos*, graças à diligente ação de diplomatas americanos, órgãos judiciais americanos no exterior e de seus aliados locais, e à sede de políticos estrangeiros por lemas e medidas para a imposição da lei embrulhados no *mana* dos Estados Unidos.[10]

No hemisfério Sul, como na Europa ocidental, o papel dos institutos de consultoria foi decisivo na difusão da punição agressiva "*made in USA*". Nos anos 1990, o Manhattan Institute encabeçou uma bem-sucedida campanha transatlântica para alterar os parâmetros da conduta britânica em relação à pobreza, ao *welfare* e ao crime. Uma década depois, ele desenvolveu o Inter-American Policy Exchange (IAPE), um programa projetado para exportar suas estratégias favoritas de combate ao crime para a América Latina como parte de um pacote de políticas neoliberais que compreendia "distritos de melhoramento dos negócios", reforma escolar por meio de comprovantes de despesas e contabilidade burocrática, redução do governo e privatização. Seus principais enviados foram ninguém menos que o próprio William Bratton, seu antigo assistente no Departamento de Polícia da Cidade de Nova York William Andrews, e Geoge Kelling, o celebrado coinventor da teoria das "janelas quebradas". Esses missionários da "lei e ordem" viajaram para o sul a fim de se encontrar não só com chefes de polícia e prefeitos de grandes cidades, mas também com governadores, ministros e presidentes. Respaldados pelo escritório permanente do IAPE em Santiago do

Chile, fizeram um trabalho de propaganda entre institutos de consultoria de direita locais, braços da Câmara Americana de Comércio no país, organizações comerciais e patrocinadores abastados, dando conferências, oferecendo consultoria política e até participando de comícios cívicos — certa feita Kelling fez um notável discurso em Buenos Aires para cerca de 10 mil argentinos reunidos em Luna Park para protestar contra a escalada da criminalidade.[11] Quando necessário, o IAPE ignora o nível nacional e trabalha com adversários regionais ou municipais do governo central para promover seus remédios pró-mercado e policiamento. Foi o que ocorreu na Venezuela, onde o presidente esquerdista Hugo Chávez deseja combater o crime reduzindo a pobreza e a desigualdade, enquanto seus adversários políticos, como o prefeito de Caracas, partilham a ideia do Manhattan Institute de que os responsáveis pelos crimes são os criminosos, e a missão de reprimi-los cabe unicamente às forças da ordem.

"Conferências na América Latina" **(trecho de uma brochura do Manhattan Institute)**

O Manhattan Institute conseguiu formar parcerias com institutos de consultoria na América Latina para realizar conferências, uma maneira eficaz de introduzir ideias e gerar entusiasmo. A meta final de nosso trabalho, contudo, não é simplesmente realizar conferências, mas construir uma relação duradoura para ajudar líderes nesses países a desenvolver programas práticos de combate ao crime, construção de escolas e reforma do governo. Por isso, cada uma de nossas conferências é organizada de modo a conter vários dias de seminários de trabalho menores e encontros particulares com funcionários do governo e formadores de opinião. ...

Venezuela: Em setembro de 2000, Bill Bratton, ex-chefe de polícia da cidade de Nova York e membro sênior do Institute, o membro sênior George Kelling e Carlos Medina visitaram Caracas, na Venezuela. A viagem foi organizada pelo instituto de consultoria CEDICE, a Câmara Venezuelo-Americana de

Comércio, e pelo novo prefeito de Caracas, Alfredo Pena. Ela incluiu uma grande conferência intitulada "A restauração da ordem e a redução do crime em nossas comunidades", que contou com a participação de mais de quinhentas pessoas, e um seminário menor com todos os líderes empresariais de Caracas, intitulado "Aperfeiçoamento de espaços comerciais — distritos de melhoramento dos negócios". A visita incluiu também encontros com os prefeitos das cinco maiores municipalidades em Caracas, o procurador-geral Javier Elechiguerra, os chefes da Força Metropolitana de Polícia e da Força de Polícia Municipal e a embaixadora dos Estados Unidos Donna Hrinak.

México: Em maio de 2000, George Kelling visitou a Cidade do México e fez o principal discurso de uma grande conferência intitulada "Mexico Unido Contra la Delincuencia", diante de cinco mil pessoas. Todos os três candidatos mais importantes à presidência estavam presentes, e George Kelling teve um encontro privado com o candidato Vicente Fox, cujo programa de segurança pública baseou-se em suas ideias. O dr. Kelling falou também em uma conferência do Instituto Ludwig Von Mises. Por fim, o embaixador dos Estados Unidos Jeffrey Davidow ofereceu um almoço em sua residência para debater soluções para o problema da escalada da criminalidade no México; compareceu uma dúzia de altos funcionários do governo, como o governador do estado de Queretaro, Ignacio Loyola; o governador do estado de Nuevo León, Fernando Canales Clariond; e o secretário da Segurança Pública da Cidade do México, Alejandro Gertz Manero.

O Manhattan Institute traduz para o espanhol e o português seus relatórios, resumos de programas e os artigos da mídia que apoiam sua visão e os distribui para formadores de opinião em toda a América do Sul. Também leva grupos de funcionários latino-americanos à cidade de Nova York para visitas de campo, sessões de treinamento e doutrinação intensiva sobre as virtudes do Estado mínimo (nos planos social e econômico) e da imposição severa da lei (para os crimes da classe baixa). Esse evangelismo "produziu uma geração inteira" de políticos latino-americanos para os quais "o Instituto Manhattan é o equivalente de um Vaticano ideológico",[12] e sua concepção bifurcada do papel do Estado, sacrossanta: *laissez-faire* e permissiva no topo, hostil e incapacitante na base. Esses políticos são ávidos por aplicar a imposição inflexível da lei e o encarceramento expandido para salvaguardar as ruas e subjugar os tumultos que agitam suas cidades, apesar da corrupção desbragada da polícia, da falência processual de seus tribunais e da brutalidade perversa de cadeias e prisões em seus países natais, as quais asseguram que estratégias de *mano dura* se traduzam rotineiramente em medo crescente do crime, violência e "detenção e punição extralegais para pequenos delitos, entre os quais a ocupação de estilo militar e a punição coletiva de bairros inteiros".[13]

É interessante notar que o magnetismo da penalidade ao estilo americano e dos ganhos políticos que ela promete é tal que líderes eleitos por toda a América Latina continuaram a exigir respostas punitivas para os crimes de rua, mesmo depois que partidos de esquerda ascenderam ao poder e transformaram a região num "epicentro de discordância das ideias liberais e resistência ao domínio econômico e político dos EUA".[14] Isto é bem ilustrado pela assinatura solene, por Andrés Manuel López Obrador, o prefeito progressista da Cidade do México, de um contrato de 4,5 milhões de dólares (pagos por um consórcio de empresários locais encabeçado pelo homem mais rico da América Latina, Carlos Slim Herú) com a firma de consultoria Giuliani Partners para aplicar sua poção mágica da "tolerância zero" à capital mexicana, apesar da óbvia inadequação de suas medidas-padrão ao nível do chão.[15] Um exemplo: esforços para eliminar camelôs e flanelinhas (a maioria dos quais crianças), mediante assíduas intervenções da polícia estão condenados ao fracasso, em razão de seus números absolutos (dezenas de milhares) e do papel central que eles desempenham na economia informal da cidade, e portanto na reprodução das famílias de classe baixa, cujo apoio eleitoral é essencial para Obrador. Para não mencionar o fato de que a polícia mexicana está, ela própria, profundamente envolvida em todo tipo de comércio informal, legal e ilegal, necessário para suplementar seus salários de fome. Mas não importa: no México, como em Marselha ou Milão, o que conta é menos a adoção de estratégias realistas para a redução do crime do que *encenar a decisão das autoridades* de combatê-lo frontalmente, de modo a reafirmar de maneira ritual a força do governante.

A reação internacional a *Prisões da miséria* e os desdobramentos na justiça criminal ao longo da década passada, em países tão variados quanto a Suécia, a França, a Espanha e o México, confirmaram não só que a brattonmania tornou-se (quase) global, mas que a disseminação da "tolerância zero" faz parte de um tráfego internacional mais amplo de fórmulas políticas que une o império do mercado, a redução dos gastos sociais e a ampliação penal.[16] De fato *o "consenso de Washington" sobre a desregulação econômica e a retração do* welfare *estendeu-se para abranger o controle punitivo do crime numa chave pornográfica e gerencialista*, pois a "mão invisível" do mercado suscita o "punho de ferro" do Estado penal. A correspondência entre seus padrões geográficos e temporais de propagação corrobora minha tese central de que o rápido crescimento e a exaltação da polícia, dos tribunais e das prisões nas sociedades do Primeiro e do Segundo Mundo nas duas últimas décadas são um elemento essencial da revolução neoliberal. Onde quer que estes últimos avanços se desencadeiem, a desregulação do mercado de trabalho de baixos salários exige a reforma restritiva do *welfare* para impingir trabalho precário ao proletariado pós-industrial. Essas duas coisas, por sua vez, provocam a ativação e ampliação do braço penal do Estado; primeiro, para cercear e conter os deslocamentos urbanos causados pela difusão da insegurança social na base da hierarquia de classes e espacial e, segundo, para restaurar a legitimidade de líderes políticos desacreditados por sua aquiescência ou adesão à impotência do Leviatã nas frentes social e econômica.[17] *A contrario*, onde quer que a neoliberalização tenha sido impedida nos campos do emprego e do *welfare*, o impulso para a penalização foi amenizado ou desviado, como indica, por exemplo, a obstinada surdez dos países nórdicos ao canto das sereias da "tolerância zero" (apesar de seu maior zelo em punir infrações associadas a drogas e por direção alcoolizada durante a década passada)[18] e a resultante estagnação ou o aumento modesto de suas populações carcerárias, ainda que a preocupação ou a angústia nacional associada à criminalidade tenha aumentado.

Ensinamentos das viagens e das adaptações da penalidade neoliberal

Assim, *As prisões da miséria* propõe que precisamos suplementar, ou mesmo suplantar, os modelos *evolucionários* que dominaram os debates teóricos recentes sobre mudança penal em sociedades avançadas com uma análise *descontinuísta* e *difusionista*, que rastreie a circulação de discursos, normas e políticas punitivas elaborados nos Estados Unidos como ingredientes constitutivos do governo neoliberal da desigualdade social e da marginalidade urbana.

Na visão da "sociedade exclusiva" proposta por Jock Young e na descrição da "cultura do controle" feita por David Garland, bem como nas mais recentes concepções eliasianas e neodurkeimianas e neofoucaultianas da penalidade,[19] as mudanças contemporâneas na reconfiguração política do crime e da punição resultam da chegada a um *estágio social* — modernidade tardia, pós-modernidade e sociedade de risco — e emergem de maneira endógena em resposta ao aumento da insegurança *criminal* e suas reverberações culturais por todo o *espaço social*. No modelo delineado no presente livro (e revisado em publicações subsequentes), a virada punitiva da política pública, *aplicando-se tanto aos programas sociais para os pobres quanto à justiça criminal*, faz parte de um *projeto político* que responde à crescente insegurança *social* e a seus efeitos desestabilizadores nos *degraus mais baixos* da ordem social e espacial. Esse projeto envolve a *reorganização e a realocação do Estado* para reforçar mecanismos semelhantes ao mercado e disciplinar o novo proletariado pós-industrial, restringindo ao mesmo tempo distúrbios internos gerados pela fragmentação da mão de obra, a redução dos esquemas de proteção social e a reorganização correlata da hierarquia étnica estabelecida (etnorracional nos Estados Unidos, etnonacional na Europa ocidental e uma mistura das duas na América Latina).[20] Mas a fabricação do novo Leviatã também registra as influências externas de operadores políticos e empreendedores intelectuais, envolvidos numa campanha de marketing ideológico em múltiplos níveis através de fronteiras nacionais em assuntos de capital/mão de obra, *welfare* e imposição da lei. Ainda que o neoliberalismo seja, desde sua geração, uma formação que ocorre em múltiplos lugares, policêntrica e geograficamente irregular,[21] na virada do século essa campanha para reformar o nexo triádico de Estado, mercado e cidadania a partir de cima teve um centro nervoso localizado nos Estados Unidos, um anel interno de países colaboradores atuando como estações de retransmissão (como o Reino Unido na Europa ocidental e o Chile na América do Sul), e uma faixa externa de sociedades escolhidas como alvos de infiltração e conquista.

Com poucas e preciosas exceções, os estudiosos americanos da punição ignoraram, quando não negaram, as ramificações externas dos esquemas de polícia, justiça e encarceramento forjados pelos Estados Unidos em reação à desintegração do contrato fordista-keynesiano e ao colapso do gueto negro.[22] No entanto, ajustar contas com essa disseminação através de fronteiras — que trouxe para costas europeias, além do policiamento com tolerância zero, toques de recolher noturnos e monitoração eletrônica, programas breves de estilo militar para adolescentes problemáticos e "encarceramento de choque" pré-julgamento, redução de pena em troca de reconhecimento de culpa e sentenças mínimas obrigatórias, registros de infratores sexuais e a transferência de jovens para a justiça adulta — é fundamental para elucidar a análise e a política da penalidade neoliberal. Em primeiro lugar, isso revela as conexões diretas entre desregulação de mercado, redução do *welfare* e expansão penal, pondo em foco sua difusão conjunta ou sequencial de um país para outro. É impressionante, por exemplo, que o Reino Unido tenha primeiro adotado a política de gestão flexível da mão de obra e depois o projeto de *workfare* compulsório lançado pelos Estados Unidos, antes de importar deles o vocabulário agressivo de controle do crime e programas adequados para dramatizar o renascido rigor moral e a severidade penal das autoridades.[23]

Em segundo lugar, rastrear a circulação internacional das fórmulas penais dos Estados Unidos nos ajuda a evitar a armadilha conceitual da excepcionalidade americana, bem como investigações nebulosas sobre a "modernidade tardia", ao apontar para os mecanismos que impelem o crescimento do Estado penal — ou, em alguns casos, para os obstáculos e vetores de resistência a ele — num espectro de sociedades sujeitas ao mesmo tropismo político-econômico. Convida-nos a ver a ascensão do Estado penal nos Estados Unidos não como um caso idiossincrático, mas como um caso *particularmente virulento*, em razão de um grande número de fatores que se combinam para facilitar, acelerar e intensificar a contenção punitiva da insegurança social naquela sociedade: entre eles, a fragmentação do campo burocrático, a força do individualismo moral que sustenta o princípio mântrico da "responsabilidade individual", a degradação generalizada da mão de obra, os níveis excepcionalmente elevados de segregação tanto de classe quanto étnica, e a proeminência e a rigidez da divisão racial que faz dos negros da classe baixa nas áreas centrais degradadas das grandes cidades alvos propícios para campanhas convergentes de redução do *welfare* e escalada penal.[24]

Por fim, há uma relação circular e retroativa entre inovação e imitação policial em nível local (municipal ou regional), nacional e internacional, de tal modo que a pesquisa da globalização da "tolerância zero" e da ideia da eficácia prisional fornece uma proveitosa avenida para a dissecação dos processos de seleção e tradução de noções e medidas penais através de jurisdições e níveis de governo que, em geral, passam despercebidos ou ficam sem análise dentro de um dado país. Ela também proporciona novas revelações sobre a fabricação da vulgata neoliberal reinante, que transformou debates políticos em toda parte por meio da difusão planetária dos conceitos e das preocupações populares dos formuladores de políticas e estudiosos americanos. Ao exportar suas teorias e políticas penais, os Estados Unidos instituem-se como o barômetro do controle sério do crime no mundo todo e legitimam efetivamente sua visão da imposição da lei mediante a universalização de suas particularidades.[25]

Como primeiro estudo com a dimensão de livro sobre a difusão transnacional da penalidade ao estilo americano no fim do século, *As prisões da miséria* antecipou o florescimento do campo da "transferência de políticas" de polícia e justiça.[26] Como tal, é uma contribuição oblíqua para a pesquisa sobre a globalização do crime e da justiça do ponto de vista da punição, mas uma contribuição que segue a contrapelo dos estudos da globalização feitos até hoje, uma vez que insiste que o que parece um movimento cego e benigno rumo à convergência planetária, supostamente fomentado pela unificação tecnológica e cultural da sociedade mundial, é na verdade um processo estratificado de *americanização diferencial e difratada*, promovido pelas atividades estratégicas de redes hierárquicas de governantes, empreendedores ideológicos e marqueteiros acadêmicos nos Estados Unidos e nos países receptores. É também um apelo para que os estudiosos da migração de políticas no cenário mundial introduzam o domínio penal em seu campo, lado a lado com políticas econômicas e de *welfare*, e prestem atenção ao papel determinante exercido por institutos de consultoria e disciplinas e cursos heteronômicos nas peregrinações internacionais de fórmulas de políticas públicas.[27]

As viagens de *As prisões da miséria* através de fronteiras nacionais, como o impetuoso movimento da onda punitiva que o livro segue no mundo todo, ensinaram-me que a difusão da penalidade neoliberal está não apenas mais avançada, mas é também mais diversificada e complexa do que o retratado no livro. Assim como há variedades de capitalismo, há muitos caminhos rumo ao império do mercado, e portanto muitas vias possíveis para a penalização da pobreza. A própria penalização assume uma multiplicidade de formas, não se limitando ao encarceramento. Ela se infiltra através dos diferentes setores da polícia, da justiça e dos aparatos carcerários, com efeitos variáveis; estende-se por domínios da política, intrometendo-se na provisão de outros bens públicos como serviços médicos, assistência à infância e habitação; e em geral desperta reticências, muitas vezes encontra resistências e por vezes provoca vigorosos contra-ataques.[28] Além disso, os componentes materiais e discursivos da política penal podem ficar dissociados e viajar separadamente, levando a acentuar de maneira hiperbólica a missão simbólica da punição como veículo para categorizar e estabelecer fronteiras. Tudo isso exige que se corrija e aperfeiçoe o modelo rudimentar do nexo entre neoliberalismo e penalidade punitiva esboçado em *As prisões da miséria*.

Essa foi a tarefa empreendida em *Onda punitiva: O novo governo da insegurança social* (*Punishing the Poor: The Neoliberal Government of Social Insecurity, 2009*).[29] Esse livro rompe os parâmetros usuais da economia política da punição, trazendo seus desdobramentos no *welfare* e na justiça criminal para uma única moldura teórica igualmente atenta ao instrumental e aos momentos expressivos da política pública. Ele utiliza o conceito de Pierre Bourdieu de "campo burocrático" para mostrar que as mudanças em políticas sociais e penais em sociedades avançadas no último quartel de século estão mutuamente vinculadas; que o *workfare* mesquinho e o *prisonfare* generoso constituem uma única geringonça organizacional para disciplinar e supervisionar os pobres sob uma filosofia de behaviorismo moral; e que um sistema penal expansivo e dispendioso não é uma consequência do neoliberalismo — como afirmado no presente livro —, mas *um componente essencial do próprio Estado neoliberal*. O fato é que os esforços contemporâneos da penalidade fazem parte de uma reengenharia e de uma remasculinização mais ampla do Estado que tornaram obsoleta a separação convencional acadêmica e política entre *welfare* e crime. A polícia, os tribunais e a prisão não são meros implementos técnicos mediante os quais as autoridades reagem ao crime — como quer a visão de senso comum, cultuada pelo direito e pela criminologia —, mas capacidades políticas essenciais por meio das quais o Leviatã produz e gere, ao mesmo tempo, a desigualdade, a marginalidade e a identidade. Isso ilumina a necessidade de desenvolver uma sociologia política do retorno do Estado penal ao primeiro plano do palco histórico no início do século XXI, um projeto para o qual *As prisões da miséria* é tanto um prelúdio quanto um convite.

Notas

PARTE I — Como o "bom senso" penal chega aos europeus

1. Sobre as condições sociais e os mecanismos culturais de difusão dessa nova vulgata planetária, cujos termos-fetiche, aparentemente surgidos de lugar nenhum, encontram-se hoje em toda parte — "globalização" e "flexibilidade" "multiculturalismo" e "comunitarismo", "gueto" ou *underclass*, seus primos "pós-modernos": identidade, minoria, etnicidade, fragmentação etc. —, ver Pierre Bourdieu e Loïc Wacquant, "Les ruses de la raison impérialiste", *Actes de la Recherche en Sciences Sociales*, 121-122, mar 1998, p.108-18. [Ed. bras.: in Pierre Bourdieu, "Sobre as artimanhas da razão imperialista", in *Escritos de educação*, Petrópolis, Vozes, 1999, p.17-32.]

2. Régis Debray, Max Gallo, Jacques Juillard, Blandine Kriegel, Olivier Mongin, Mona Ozouf, Anicet LePors e Paul Thibaud, "Républicains, n'ayons pas peur!", *Le Monde*, 4 set 1998, p.13 (o número e a dispersão política presumida ou programada dos signatários visam aqui dar aparência de neutralidade e, por conseguinte, razão à posição preconizada). Ou uma declaração entre outras, típica dessa deriva beirando a caricatura, que devemos ao historiador Maurice Agulhon: "Sobre os problemas de ordem pública, a esquerda, há 30 ou 40 anos, se extraviou. A evolução atual vai contudo na direção do *bom senso*, como testemunham as declarações de Jospin, que teve a coragem de afirmar que a noção de ordem não era em si uma noção reacionária. ... Trata-se de um retorno a esse *bom senso elementar* que os entusiasmos esquerdistas, dos quais já participei em minha época, nos fizeram em parte perder de vista" (em um artigo publicado na edição inaugural do efêmero *Quotidien de la République*, de Henri Emmanuelli, citado por Hugues Jallon e Pierre Mounier, "Les fous de la République", *Les Inrockuptibles*, 178, 16 dez 1998, p.25, os grifos são meus).

3. Essas regiões, entretanto, têm a desculpa (cômoda) de apresentar índices de violência criminal comparáveis aos dos Estados Unidos e de estarem, algumas delas, sob sua dependência econômica e diplomática direta. Um exemplo é o México, que todo ano tem de se contorcer diante do Congresso americano para provar que empreende com alma e energia a "guerra à droga" ordenada pelo "Grande irmão do Norte".

4. Sobre essa distinção crucial entre indivíduo (ou instituição) "empírica" e indivíduo (instituição) "epistêmico", Pierre Bourdieu, *Homo academicus*, Paris, Minuit, 1984, p.34-48.

5. Para uma análise da instauração de um mercado transnacional do direito comercial, favorecendo a universalização do modelo anglo-saxão de ajuste econômico que aqui tem valor de paradigma, ler Yves Dezalay, *Marchands de droit. La restructuration de l'ordre juridique internationale par les multinationales du droit*, Paris, Arhème Fayard, 1992; a exportação planetária do marketing eleitoral americano é dissecada por Serge Halimi, "Faiseurs d'élections made in USA", *Le Monde Diplomatique*, 545, ago 1999, p.12-3, e a proliferação internacional dos "formadores de opinião" [*boîtes à idées*], por Diane Stone, Andrew Denham e Mark Garnett (orgs.), *Think Tanks across Nations*, Manchester, Manchester University Press, 1999.

6. Loïc Wacquant, "L'ascension de l'État pénal en Amérique", *Actes de la Recherche en Sciences Sociales*, 124, set 1998, p.7-26 [Ed. bras.: "A prosperidade do Estado penal", in L. Wacquant, *Punir os pobres. A nova gestão da miséria nos Estados Unidos*, Rio de Janeiro, Freitas Bastos, col. Pensamento Criminológico, 2001], e infra, p.80 e segs., para uma sinopse dos principais componentes do grande "*boom* carcerário" norte-americano.

7. Cf., sobre esse assunto, a excelente e sintética exposição de Steven Donziger, "Fear, politics and the prison-industrial complex", in *The Real War on Crime*, Nova York, Basic Books, 1996, p.63-98.

8. Ver sobretudo James A. Smith, *The Idea Brokers: Think Tanks and the Rise of the New Policy Elite*, Nova York, Free Press, 1991.

9. Charles Murray, *Losing Ground: American Social Policy, 1950-1980*, Nova York, Basic Books, 1984.

10. Chuck Lane, "The Manhattan Project", *The New Republic*, 25 mar 1985, p.14-5.

11. Encontramos uma refutação metódica de *Losing Ground* em William Julius Wilson, *The Truly Disadvantaged: The Underclass, the Inner City, and Public Policy*, Chicago, The University of Chicago Press, 1987 (trad. fr., *Les oubliés de l'Amérique*, Paris, Desclée de Brouwer, 1995).

12. George Gilder, *Wealth and Poverty*, Nova York, Basic Books, 1981; "Blessed are the money-makers" *The Economist*, 7 mar 1981, p.87-8. Uma excelente análise da ascendência de um discurso conservador antediluviano sobre a pobreza, e sobre a incapacidade da visão *liberal* (progressista) no início dos anos 1980, é Michael B. Katz, *The Undeserving Poor: From the War on Poverty to the War on Welfare*, Nova York, Pantheon, 1989, p.137-84.

13. Charles Murray, *In Pursuit of Happiness and Good Government*, Nova York, Simon and Schuster, 1988. Uma década mais tarde, provavelmente decepcionado pelo fracassso retumbante de sua incursão filosófica, Murray recai com um panfleto intitulado *What it Means to Be a Libertarian: A Personal Interpretation*, Nova York, Broadway Books, 1998.

14. Charles Murray e Richard Herrnstein, *The Bell Curve: Intelligence and Class Structure in American Life*, Nova York, Free Press, 1994, p.167, 253, 251 e 532-3. Para uma crítica devastadora e definitiva desse compêndio do

senso comum racista conservador, a partir de uma análise (corrigida) dos mesmos dados empíricos que levam diretamente a conclusões diametralmente opostas, ler Claude Fischer et al., *Inequality by Design: Cracking the Bell Curve Myth* (Princeton, Princeton University Press, 1996). O caráter puramente ideológico das teses de Murray e Herrnstein em matéria de crime deriva da reprodução estatística efetuada por F.T. Cullen, P. Gendreau, G.R. Jarjoura e J.P. Wright, "Crime and the bell curve: lessons from intelligent criminology", *Crime and Delinquency*, 43-4, out 1997, p.387-411.

15. Todas as narrativas da ascensão do Manhattan Institute na cena pública descrevem Rudolph Giuliani rabiscando furiosamente sua caderneta de anotações por ocasião dessas conferências e relatam a presença regular de seus conselheiros nos encontros então ocorridos. O próprio prefeito reconheceu diversas vezes publicamente sua dívida "intelectual" para com o instituto.

16. George Kelling e Catherine Coles, *Fixing Broken Windows: Restoring Order and Reducing Crime in Our Communities*, Nova York, Free Press, 1996; o artigo original que o livro retoma e ilustra é de James Q. Wilson e George Kelling, "Broken windows: the police and neighborhood safety", *Atlantic Monthly*, mar 1982, p.29-38. Se essa "teoria do bom senso" é verdadeira, pode-se ao menos perguntar por que foram necessários mais de 15 anos para finalmente alguém se dar conta disso.

17. William Bratton, "Cutting crime and restoring order: what America can learn from New York's finest", *Heritage Lecture*, 573, Washington, Heritage Foundation, 1996, e idem, "The New York City Police Department's Civil enforcement of quality of life crimes", *Journal of Law and Policy*, 12, 1995, p.447-64; e também "Squeegees' rank high on next police comissioner's priority list", *The New York Times*, 4 dez 1993. Tony Blair e sobretudo Jack Straw, seu futuro ministro do Interior, retomarão o tema-espantalho dos "*squeegee men*" de modo idêntico, só que com alguns meses de atraso.

18. Para uma apresentação crítica desses três modelos de "reforma da polícia" recentemente em competição nos Estados Unidos, e seu resgate comum "pela tradição policial mais repressiva", ver Jean-Paul Brodeur, "La police en Amérique du Nord: des modèles aux effets de mode?", *Les Cahiers de la Sécurité Intérieure*, 28-2, primavera 1997, p.182.

19. "NYPD, Inc.", *The Economist*, 7925, 20 jul 1995, p.50, e "The CEO cop", *New Yorker Magazine*, 70, 6 fev 1995, p.45-54.

20. *Citizen's Budget Comission*, relatório anual, out 1998.

21. Judith A. Greene, "Zero tolerance: a case study of police policies and practices in New York City", *Crime and Delinquency*, 45-2, abr 1999, p.171-87.

22. O número de assassinatos em Nova York já caíra pela metade entre o pico de 1990 e 1994, de aproximadamente 2.300 para menos de 1.200, e o dos atentados contra o patrimônio em 25%. A mesma queda brutal da criminalidade é observada também no Canadá a partir de 1990, sem que seja imputável a qualquer inovação policial.

23. William W. Bratton com Peter Knobler, *Turnaround: How America's Top Cop Reversed the Crime Epidemic*, Nova York, Random House, 1998. Bratton recebeu um adiantamento de 375.000 dólares para "escrever" essa elegia de sua própria vida "com" Knobler, jornalista especializado nas biografias cor-de-rosa de vedetes do esporte e da política (entre seus outros livros, a "autobiografia" do jogador de basquete Kareem Abdul-Jabbar e a da ex-governadora do Texas Ann Richard). Criou também uma firma de consultoria em polícia urbana, First Security, que vende sua *expertise* tanto nos Estados Unidos como no exterior.

24. Em 1993, ano em que Rudolph Giuliani se tornou prefeito, Nova York já se classificava em 87º lugar no âmbito de 189 cidades repertoriadas (por ordem decrescente) pela escala da criminalidade do FBI.

25. "Zero tolerance will clean up our streets", *Scottish Daily Record & Sunday Mail*, 10 fev 1999. Sobre esse tema da "responsabilização" dos cidadãos e das "comunidades" (geográficas ou étnicas) na luta contra o crime, ler David Garland, "Les contradictions de la société punitive: le cas britannique", *Actes de la Recherche en Sciences Sociales*, 124, set 1998, sobretudo p.56-9 (publicado em português em *Revista de Sociologia e Política*, 13, nov 1999), e A. Crawford, *The Local Governance of Crime: Appeals to Community and Partnership*, Oxford, Clarendon Press, 1997.

26. "Os poloneses são particularmente ativos no roubo organizado de automóveis; a prostituição é dominada pela máfia russa; os traficantes de droga vêm mais frequentemente do sudeste da Europa ou da África negra ... Não deveríamos ser mais condescendentes com os criminosos estrangeiros que agarramos. Para aquele que viola nosso direito de hospitalidade, só há uma solução: para fora e rápido." (Gerard Schröder, promessa de campanha expressa em julho de 1997 e relatadas pelo *Le Monde* de 18 de janeiro de 1999). O caso da Alemanha é interessante, pois ilustra um processo comum aos diversos países do continente europeu: ela importa as teorias e as políticas de segurança *made in USA* tanto diretamente dos Estados Unidos (cf. a virada alemã de William Bratton em 1998) como por intermédio das outras "filiais" da ideologia penal norte-americana (cf. a emulação invejosa da Inglaterra de Tony Blair e o interesse marcado, embora ambivalente, por parte da Milão de Gabriele Albertini).

27. "Lawsuit seeks to curb street crimes unit, alleging racially biased searches", *The New York Times*, 9 mar 1999. Para uma análise minuciosa da violência policial e de suas bases sociais em Nova York, ler Paul Chevigny, *Edge of the Knife: Police Violence in the Americas*, Nova York, The New Press, 1995, cap.2.

28. "Those NYPD blues", *US News & World Report*, 5 abr 1999. Segundo os dados da polícia de Nova York, os controles de rua visando proibir o porte de arma resultaram em 29 detenções para cada pessoa de posse de uma arma, uma proporção nitidamente superior à norma habitual (10 detenções para uma pessoa armada).

29. Judith A. Greene, "Zero tolerance: a case study of police policies and practices in New York City", *Crime & Delinquency*, 45-2, abr 1999, p.171-87.

30. "Cop rebellion against Safir: 400 PBA delegates vote no confidence, demand suspension", *New York Daily News*, 14 abr 1999.

31. "Poll in New York finds many think police are biased", *The New York Times*, 16 mar 1999.

32. "Crackdown on minor offenses swaps New York City courts", *The New York Times*, 2 fev 1999.

33. "Dismissed by prosecutors before reaching court, flawed arrests rise in New York City", *The New York Times*, 23 ago 1999. Os números sobre as entradas em casas de detenção provêm dos relatórios anuais do New York City Department of Corrections; os sobre as detenções, de um relatório da New York State Division of Criminal Justice Services.

34. Malcolm Feeley mostrou que, para os americanos das classes populares que cometem crimes e delitos menores, a verdadeira sanção penal reside menos na pena legal que lhes é infligida como desfecho do processo judicial do que nesse próprio procedimento, i.e., o tratamento arrogante e caótico que eles recebem dos tribunais e os custos adicionais (econômicos, sociais, morais), por ele implicado (Malcolm Feeley, *The Process is the Punishment: Handling Cases in a Lower Criminal Court*, Nova York, Russell Sage Foundation, 1979, sobretudo p.199-243).

35. Keith Dixon, *Les Évangélistes du marché*, Paris, Raisons d'Agir, 1998. Hoje é preciso acrescentar-lhes o Instituto Demos, "gerador de ideias" oficial da equipe de Tony Blair, que defende teses primas, até mesmo gêmeas.

36. "Cheguei à Grã-Bretanha no início deste ano como um visitante oriundo de uma zona atingida pela peste, que vem ver até onde a doença se estende" (Charles Murray, *The Emerging British Underclass*, Londres, Institute of Economic Affairs, 1990, p.25). Sobre as origens e os usos sociais do verdadeiro-falso conceito de *underclass*, hoje em circulação em numerosos países europeus, ver Loïc Wacquant, "L'*underclass*' urbaine dans l'imaginaire social et scientifique américain", in Serge Paugam (org.), *L'exclusion: l'état des savoirs*, Paris, La Découverte, 1996, p.248-62. [Ed. bras.: "A 'underclass' urbana no imaginário social e científico norte-americano", *Estudos Afro-Asiáticos*, 31, out 1997, p.37-50, reproduzido em L. Wacquant, *Os condenados da cidade*, Rio de Janeiro, Revan, 2001.]

37. Murray, *The Emerging British Underclass*, op.cit., p.41 e 45.

38. Frank Field, MP, "Britain's underclass: countering the growth", in *The Emerging British Underclass*, op.cit., p.58 e 59.

39. Ruth Lister (org.), *Charles Murray and the Underclass: The Developing Debate*, Londres, Institute for Economic Affairs, 1996. Pode-se observar o paralelo com a queixa de Debray, Gallo, Juillard etc. ("Républicains, n'ayons pas peur!"), para quem o laxismo penal impõe uma ameaça similar sobre a República. A retórica de Murray apoia-se em uma oposição dicotômica entre

"os novos vitorianos" (termo que designa as classes média e alta que supostamente redescobrem as virtudes do trabalho, da abstinência e da família patriarcal) e "a nova ralé" (*"the new rabble"*) dos pardieiros, mergulhada na promiscuidade, na recusa do trabalho (sub-remunerado) e no crime. Essas frivolidades sociológicas, versão americano-britânica de certo discurso francês sobre a "fratura social", são retomadas tais quais pelo *Sunday Times* e diversos outros jornais britânicos (p.ex., "Britain split as underclass takes root alongside 'new victorians'", *The Sunday Times*, 22 mai 1994).

40. Lawrence Mead (org.), *From welfare to work: lessons from America*, Londres, Institute of Economic Affairs, 1997. O título é ele mesmo seu próprio comentário.

41. Lawrence Mead, *Beyond Entitlement: The Social Obligations of Citizenship*, Nova York, Free Press, 1986, p.13, 200 e 87.

42. Lawrence Mead, *The New Politics of Poverty: The New Nonworking Poor in America*, Nova York, Basic Books, 1992, p.239 e passim. Para uma crítica dos paralogismos que sustentam o raciocínio de Mead, Michael B. Katz, "The poverty debate", *Dissent*, outono 1992, p.548-53. Chamamos atenção, de passagem, para o fato de que os partidários do tratamento policial da miséria de rua fazem a mesma crítica do "sociologismo", culpado a seus olhos por insistir em que a criminalidade teria antes causas sociais do que individuais.

43. Lawrence Mead (org.), *The New Paternalism: Supervisory Approaches to Poverty*, Washington, Brookings Institution Press, 1997, p.21-2, e idem, "Telling the poor what to do", *Public Interest*, 132, verão 1998, p.97-113.

44. O prefácio ao livro coletivo organizado por Mead sobre *The New Paternalism* (op.cit., p.vii), assinado por Michael Armacost, presidente da Brookings Institution, o *think tank* etiquetado "progressista" (ele é bastante próximo dos "novos democratas") que financiou essa pesquisa e que a publica, abre-se com estas linhas, que dizem o suficiente sobre a integração das políticas sociais e penais para uso do (sub)proletariado: "A política social dos Estados Unidos está se tornando mais paternalista. Tradicionalmente, os programas sociais traziam uma ajuda às pessoas, mas, recentemente, o Estado se empenhou em supervisionar a vida dos pobres que se tornam dependentes desses programas, *seja pelo viés da assistência social, seja pelo viés do sistema de justiça criminal*" (os grifos são meus).

45. Lawrence Mead, *The New Paternalism*, op.cit., p.22. Para uma refutação empírica severa dessa mitologia pessoal da mistura racial das populações pobres, cf. Douglas Massey e Nancy Denton, *American Apartheid*, Cambridge, Harvard University Press, 1993.

46. Frank Field antecipara a adoção iminente dos temas de Murray e Mead em seu próprio livro, *Losing Out: The Emergence of Britain's Underclass* (Oxford, Basil Blackwell, 1989), cujo título é uma variação em cima do *Losing Ground*, de Murray.

47. Lawrence Mead (org.), *From Welfare to Work: Lessons from America*, Londres, Institute of Economic Affairs, 1997, p.127.

48. Lawrence Mead, "The debate on poverty and human nature", in S. Carlson-Thies e J. Skillen (orgs.), *Welfare in America: Christian Perspectives on a Policy in Crisis*, Cambridge, William Eerdmans, 1996, p.215-6, 238, 241.

49. Como em 1989 e em 1994, o *Sunday Times* abre páginas inteiras para um longo artigo em duas partes de Charles Murray, dando às declarações do "visitante da América" uma visibilidade nacional da qual nenhum especialista britânico em questões criminais e penais jamais se beneficiou nesse país, e isso a despeito de as declarações simplistas (e equivocadas) de Murray não se apoiarem em nenhuma pesquisa original: são meros *remakes* dos trabalhos bem conhecidos dos principais criminologistas ultraconservadores e ideólogos do crime nos Estados Unidos, tais como James Q. Wilson e John DiIulio. Aí se atinge o limite do puro *trabalho de marketing ideológico* visando fazer passar velas conservadoras por lanternas sociológicas.

50. Charles Murray (org.), *Does Prison Work?*, Londres, Institute of Economic Affairs, 1997, p.26.

51. David Downes, "Toughing it out: from labour opposition to labour government", *Policy Studies*, 19-3/4, inverno 1998, p.191-8.

52. Norman Dennis et. al., *Zero Tolerance: Policing a Free Society*, Londres, Institute of Economic Affairs, 1997. A declaração de Tony Blair foi publicada pelo *Guardian* de 10 de abril de 1997 (agradeço a Richard Sparks, professor de criminologia na Universidade de Keele, Staffordshire, pelas informações preciosas que me transmitiu sobre esses desenvolvimentos).

53. *Times Literary Supplement*, 4919, 11 jul 1997, p.25. O mesmo artigo do TLS publica anúncio de um livro intitulado *Arming the British Police*.

54. Por ocasião do Colóquio de Villepinte sobre "Cidades seguras para cidadãos livres", patrocinado pelo governo Lionel Jospin, o ministro do Interior faz este paralelo audacioso entre política educativa e política policial: "Deixando minha imaginação divagar, contemplaria de bom grado, a exemplo do Plano 'Universidades 2000', um plano quinquenal 'Segurança de proximidade 2002' para acelerar a construção de delegacias de proximidade nos bairros difíceis" (Atas do colóquio, arquivos disponíveis no site do Ministério do Interior).

55. Institut des Hautes Études de la Sécurité Intérieure, *Guide pratique pour les contrats locaux de sécurité*, Paris, La Documentation Française, 1997, p.318 e 320.

56. As expressões entre aspas são as de Beaumont e Tocqueville, "Système pénitentiaire aux États-Unis et son apllication en France", in Alexis de Tocqueville, *Oeuvres complètes*, t.IV: *Écrits sur le système pénitentiaire en France et à l'étranger*, apresentação de Michelle Perrot, Paris, Gallimard, 1984, p.11.

57. Ou seja, na atual conjuntura francesa (início de 1999), atrair para si os eleitores da Frente Nacional, particularmente aqueles desorientados pela cisão do partido. É assim que se explica, banalmente, a súbita *aceleração* das medidas anunciadas pelo governo Jospin a fim de "restabelecer" a ordem (republicana) e "reconquistar" os subúrbios — outro termo tirado da linguagem militar do Estado americano e de sua "guerra ao crime", que faz crer que os ditos subúrbios

teriam sido "invadidos" por um inimigo: os imigrantes — assim como a *reviravolta* súbita do mesmo primeiro-ministro em favor da maior penalização do tratamento da delinquência dos jovens, que foi alçada a prioridade expressa da ação do Estado, ao passo que um exame rigoroso e desagregado das estatísticas existentes publicadas no *relatório oficial submetido ao governo* sobre a questão (que evidentemente nem seus autores nem seus gestores se deram ao trabalho de ler atentamente) demonstra que ela não mudou absolutamente de fisionomia esses últimos anos, contrariamente ao que diz a propaganda político-midiática a esse respeito (cf. o anexo do criminologista Bruno Aubusson de Cavarlay, "Statistiques", in Christine Lazergues e Jean-Pierre Balduyck, *Réponses à la délinquance des mineurs. Mission interministérielle sur la prévention et le traitement de la délinquance des mineurs*, Paris, La Documentation Française, 1998, p.263-91; e também, idem, *La mesure de la délinquance juvénile*, Paris, Cesdip, 1998). Voltaremos a esse ponto adiante, p.68-9.

58. Sophie Body-Gendrot, Nicole Le Guennec e Michel Herrou, *Mission sur les violences urbaines, rapport au Ministre de l'Intérieur*, Paris, La Documentation Française, 1998; sobre a invenção burocrática da noção de "violência urbana" como instrumento de reconversão e de legitimação do trabalho de vigilância policial, ver Vincent Laurent, "Les Renseignements Généraux à la découverte des quartiers", *Le Monde Diplomatique*, 541, abr 1999, p.26-7.

59. Lazergues e Balduyck, *Réponses à la délinquance des mineurs*, op.cit., p.433-6.

60. Por exemplo, entre inúmeros estudos quantitativos, William Ruefle e Kenneth Mike Reynolds, "Curfews and delinquence in major American cities", *Crime and Delinquency*, 41-3, jul 1995, p.347-63.

61. Julien Damon, resenha de William Bratton e P. Knobler, *Turnaround: How America's Top Cop Reversed the Crime Epidemic* (1997), em *Les Cahiers de la Sécurité Intérieure*, 34, 1998, p.263-5. Para uma análise reveladora do "tecnocratismo autoritário e racista" do qual a pseudoautobiografia de Bratton é a expressão, cf. Helmut Otner, Arno Pilgram e Heinz Steinert (orgs.), *Die Null-Loesung: Zero-Tolerance-Politik im New York — Das Ende der urbanen Tolleranz?*, Baden-Baden, Nomos, 1998.

62. Em uma obra escrita em colaboração com o antigo ministro da Educação de Ronald Reagan, de título (e retórica militarista) mais do que sensacionalista: William J. Bennett, John DiIulio e John P. Walters, *Body Count: Moral Poverty ... and How to Win America's War Against Crime and Drugs*, Nova York, Simon and Schuster, 1996.

63. Sébastian Roché, "'Tolérance zéro': est-elle applicable en France?", *Les Cahiers de la Sécurité Intérieure*, 34-4, inverno 1998, citações p.217, 222, 225 e 227 (onde o grifo é meu).

64. Alain Bauer e Xavier Raufer, *Violences et insécurités urbaines*, Paris, Presses Universitaires de France, col. Que Sais-Je, 3421, edição atualizada, 1999, p.62-5, grifos do original (agradeço à associação Citoyens Unis pour Chate-

nay-Malabry por me haver apontado as passagens particularmente pertinentes dessa obra).

65. Institut des Hautes Études de la Sécurité Intérieure, *Guide pratique pour les contrats locaux de sécurité*, op.cit., p.133-4.

66. Cf. Kenneth Clark, *Dark Guetto: Dilemmas of Social Power*, Nova York, Harper and Row, 1965; Loïc Wacquant e William Julius Wilson, "The cost of racial and class exclusion in the inner city", *The Annals of the American Academy of Political and Social Science*, 501, jan 1989, p.8-25; Douglas Massey e Nancy Denton, *American Apartheid*, Cambridge, Harvard University Press, 1993; e Joan Moore e Raquel Pinderhughes (orgs.), *In the Barrios: Latinos and the Underclass Debate*, Nova York, Russell Sage Foundation, 1993.

67. Wesley G. Skogan, *Disorder and Decline: Crime and the Spiral of Decay in American Neighborhoods*, Berkeley, University of California Press, 1990; para uma análise crítica das teses de Skogan, Loïc Wacquant, "Désordre dans la ville", *Actes de la Recherche en Sciences Sociales*, 99, set 1993, p.79-82.

68. Sophie Body-Gendrot, *Les villes face à l'insécurité. Des ghettos américains aux banlieux françaises*, Paris, Bayard, 1998. De acordo com a lei do gênero, o livro mistura trabalhos científicos (para se outorgar autoridade a respeito) e reportagem jornalística (para ser acessível aos que têm poder de decisão e às mídias), como atesta o caráter eclético das referências, que juntam Jean Baudrillard e William Julius Wilson, artigos de *Science* e do *International Herald Tribune*, "entrevistas" de juízes, editoriais do *Nouvel Observateur* e panfletos de antigos ministros de Reagan.

69. O "por favor, publique" comunicado pela Bayard Presse por ocasião da publicação do livro coloca a questão de maneira ainda mais abrupta: "Entre os subúrbios franceses e os guetos americanos, *as convergências existem*: escalada da delinquência dos menores, droga, briga de gangues etc. Não obstante, as políticas de encarceramento maciço implantadas *com sucesso* nos Estados Unidos podem ser aplicadas na França?" (o grifo é meu).

70. As menções às páginas remetem a Bruno Aubusson de Cavarlay, "Statistiques", in Christine Lazergues e Jean-Pierre Balduyck, *Réponses à la délinquance des mineurs*, op.cit., p.263-91.

71. Ao estilo "Aumenta bastante a delinquência dos menores", *Libération*, 13-14 fev 1999.

72. Lionel Jospin, "Lettres de mission", in Christine Lazergues e Jean-Pierre Balduyck, *Réponses à la délinquance des mineurs*, op.cit., p.9.

73. A ausência total de estatísticas sobre esses fenômenos não impede um editorialista do *Libération* (7 jan 1999) de escrever com absoluta segurança: "A situação que se criou em certas franjas urbanas é inédita, pela proporção dos jovens implicados, pelo grau de violência que mostram, bem como pela precocidade das passagens ao ato."

74. "La loi Guigou adoptée en première lecture", *Libération*, 27-28 mar 1999.

75. Jean-Pierre Chevènement anteriormente lhe encomendara um "relatório sobre as violências urbanas", e a Delegação Interministerial da Cidade financiou a "missão" de algumas semanas que lhe permitiu "viver experiências de campo nos bairros sensíveis" [sic] dos Estados Unidos (*Les villes face à l'insécurité*, op.cit., p.14).

76. Cf. Loïc Wacquant, "'A black city within the white': revisiting America's dark guetto", *Black Renaissance/Renaissance Noire*, 2-1, outono-inverno 1998, p.141-51.

77. Ler a esse respeito o penetrante estudo de Katherine Beckett, *Making Crime Pay: Law and Order in Contemporary American Politics*, Oxford, Oxford University Press, 1997.

78. Body-Gendrot, *Les villes face à l'insécurité*, op.cit., citações p.346, 332 e 320-1 (onde o grifo é meu). A obra conclui com esse emocionante parágrafo, em que o lirismo moralizante rivaliza facilmente com a politologia de butique, e que nenhum ministro da cidade negaria, mesmo sendo de etiqueta socialista: "Que a polícia se ponha a serviço dos habitantes, que a escola seja o lugar de vida de um bairro, que os eleitos incentivem inovações cidadãs, que a luta contra a delinquência se torne também assunto dos habitantes, e veremos se descortinar outro horizonte na Cidade." Em outras palavras, quando a *vi(ll)e* ["cidade/vida"] for bela, ela será extremamente bela. (Um parágrafo gêmeo figura na conclusão das pretensas "Monografias de campo no exterior" que ornamentam o relatório oficial da *Mission sur les violences urbaines*, op.cit., p.136.)

79. "La loi Guigou adoptée en première lecture", *Libération*, 27-28 mar 1999.

80. "L'argument sécuritaire l'a emporté à propos de la comparution immédiate", *Le Monde*, 27 mar 1999.

81. Sobre a construção dessa noção na interseção dos campos universitário e burocrático, ler o belíssimo artigo de Yves Dezalay e Bryant Garth, "Le 'Washington consensus': contribution à une sociologie de l'hégémonie du néolibéralisme", *Actes de la Recherche en Sciences Sociales*, 121-122, mar 1998, p.2-22.

PARTE II — Do Estado-providência ao Estado-penitência

1. Um exemplo entre outros: o opúsculo do Ministério da Economia alemão justificando a nítida guinada neoliberal dada pelo chanceler Schröder no verão de 1999 (redução dos gastos públicos em 16 bilhões de euros, diminuição dos impostos, congelamento das aposentadorias, desregulamentação do emprego e retraimento da cobertura social) enfatiza o clamor da alma de Mark Wössner, o executivo-chefe do conglomerado midiático Bertelsmann:

"Um pedaço dos Estados Unidos, eis o caminho a seguir para uma maior prosperidade econômica na Alemanha."

2. Cf. Economic Policy Institute, *Beware the US Model*, Washington, EPI, 1995, e Charles Noble, *Welfare as We Knew It: A Political History of the American Welfare State*, Nova York, Oxford University Press, 1997, especialmente "Backlash", p.105-35.

3. Children's Defense Fund, *The State of America's Children*, Boston, Beacon Press, 1998, e Laurence Mishel, Jared Bernstein e John Schmidt, *The State of Working America, 1996-1997*, Nova York, M.E. Sharpe, 1997, p.304-7.

4. Sobre essa verdadeira-falsa "reforma", a mais reacionária em matéria social promulgada por um governo democrático desde a II Guerra Mundial, ver Loïc Wacquant, "Les pauvres en pâture: la nouvelle politique de la misère en Amérique", *Hérodote*, 85, primavera 1997, p.21-33, [Ed. bras. in *Punir os pobres*, op.cit.] e sua condenação inapelável pelo Prêmio Nobel de Economia Robert Solow, *Work and Welfare*, Princeton, Princeton University Press, The Tanner Lecture, 1998.

5. Esses números e os do parágrafo precedente foram extraídos do importante artigo do economista de Harvard e diretor do programa de emprego do National Bureau of Economic Research, Richard Freeman. "Le modèle économique américain à l'épreuve de la comparaison", *Actes de la Recherche en Sciences Sociales*, 124, set 1998, p.36-48.

6. Cf. Martina Morris e Bruce Western, "Inequality in earnings at the close of the twentieth century", *Annual Review of Sociology*, 25, 1999, p.623-57, e Sarah Anderson et al., *A Decade of Executive Excess*, Washington, Institute for Police Studies, 1999, p.3 e 8. Anderson e seus colaboradores calculam que, se o salário médio do trabalhador tivesse simplesmente aumentado tão rápido quanto a remuneração dos dirigentes de empresa durante a década passada, o trabalhador americano ganharia hoje mais de 110.000 dólares por ano, e o salário mínimo ultrapassaria 22 dólares por hora (contra 5,15 dólares atuais).

7. Ver David Chalmers, *And the Crooked Places Made Straight: The Struggle for Social Change in the 1960s*, Filadélfia, Temple University Press, 1991, e James T. Patterson, *Grand Expectations: The United States, 1945-1974*, Oxford, Oxford University Press, 1996, especialmente p.375-406 e 637-77.

8. Calvert Dodge (org.), *A Nation Without Prisons*, Lexington, Lexington Books, 1975; sobre esses debates, pode-se ler Norval Morris, *The Future of Imprisonment*, Chicago, The University of Chicago Press, 1974.

9. Salvo indicação contrária, para todas essas estatísticas apoiamo-nos nas diversas publicações do Bureau of Justice Statistics do Ministério federal da Justiça (especialmente seus relatórios periódicos sobre *Correctional Populations in the United States*, Washington, Government Printing Office, diversos anos).

10. Cf. Bureau of Justice Statistics, *Criminal Victimization in the United States, 1975-1995*, Washington, US Government Printing Office, 1997; para um exame mais detalhado, ver Loïc Wacquant, "Crime et châtiment en Amérique de Nixon à Clinton", *Archives de Politique Criminelle*, 20, primavera 1998,

p.123-38. [Ed. bras.: "Crime e castigo nos Estados Unidos de Nixon a Clinton", *Revista de Sociologia e Política*, 13, Curitiba, nov. 1999, p.39-50.]

11. Vincent Schiraldi, Jason Ziedenberg e John Irwin, *America's One Million Nonviolent Prisoners*, Washington, Justice Policy Institute, 1999; Caroline Wolf Harlow, *Profile of Jail Inmates 1996*, Washington, Bureau of Justice Statistics, 1998; igualmente John Irving e James Austin, *It's About Time: America's Imprisonment Binge*, Belmont, Wadsworth, 1997, p.22-39.

12. Diana Gordon descreve muito bem essa sinergia em *The Justice Juggernaut: Fighting Street Crime* (New Brunswick, Rutgers University Press, 1991).

13. Joan Petersilia, "Parole and prisoner reentry in the United States", in Michael Tonry e Joan Petersilia (orgs.), *Prisons*, Chicago, The University of Chicago Press, 1999.

14. Malcolm Feeley e Jonathan Simon, "The new penology: notes on the emerging strategy of corrections and its implications", *Criminology*, 30-4, nov 1992, p.449-74, e Jonathan Simon, *Poor Discipline: Parole and the Social Control of the Underclass, 1890-1990*, Chicago, The University of Chicago Press, 1993.

15. As administrações penitenciárias dos 50 estados tomadas em conjunto classificam-se em quinta posição caso se incluam as duas firmas de trabalho temporário Manpower Inc. e Kelly Services.

16. Steven Donziger, *The Real War Against Crime*, op.cit., p.48.

17. Robert Gangi, Vincent Shiraldi e Jason Ziedenberg, *New York State of Mind? Higher Education vs. Prison Funding in the Empire State, 1988-1998*, Washington, Justice Policy Institute, 1998, p.1.

18. A filosofia penal atualmente dominante nos Estados Unidos pode ser resumida nessa expressão bastante apreciada entre as profissões penitenciárias: "fazer com que o preso cheire a preso" (Wesley Johnson et al., "Getting tough on prisoners: results from the National Corrections Executive Survey, 1995", *Crime and Delinquency*, 43-1, jan 1997, p.25-6). Daí a reintrodução das punições corporais e das medidas vexatórias: quebrar pedras, limpar fossas em grupos presos com algemas, ferros nos pés, uniformes listrados, corte de cabelo "raso", supressão de café e cigarros e proibição de revistas pornográficas, pesos e halteres, presentes de Natal etc.

19. Daniel Burton-Rose, Dan Pens e Paul Wright (orgs.), *The Celling of America: An Inside Look at the US Prison Industry*, Monroe (Maine), Common Courage Press, 1998, p.102-31.

20. Eric Lotke, "The prison-industrial complex", *Multinational Monitor*, 17, 1996, p.22. A expressão *"not in my backyard"* (literalmente, "não no meu jardim") e sua sigla, NIMBY, referem-se aos movimentos locais de luta contra os danos industriais e comerciais surgidos nos anos 1970 com o movimento ecologista. Designam por extensão a oposição à implantação de qualquer instituição que ameace a "qualidade de vida" (e o valor imobiliário) de um

lugar: usina, depósito de ônibus e descarga, mas também asilos, alojamentos para sem-teto, centros de desintoxicação etc.

21. Essa estimativa confunde efetivamente brancos "anglos" e pessoas de origem hispanófona, aumentando mecanicamente com isso o índice dos "brancos" de origem europeia, e isso cada vez mais intensamente, uma vez que os latinos são o grupo cujo índice de encarceramento cresceu mais rápido no período recente.

22. É o título da obra-prima de Jerome Miller, *Search and Destroy: African-American Males in the Criminal Justice System* (Cambridge, Cambridge Univesity Press, 1997).

23. Michael Tonry, *Malign Neglect: Race, Crime and Punishment in America*, Nova York, Oxford University Press, 1995, p.105.

24. Em 1998, a comunidade afro-americana do estado de Nova York contava com 34.800 pensionistas nas penitenciárias estaduais contra 27.900 estudantes nos *campi* da State University of New York, ao passo que os latinos forneciam 22.400 presos para apenas 17.800 estudantes (*New York State of Mind?*, op.cit., p.3).

25. William J. Chambliss, "Policing the guetto underclass: the politics of law and law enforcement", *Social Problems*, 41-2, mai 1994, p.177-94.

26. David Rothman, *The Discovery of the Asylum: Social Order and Disorder in the New Republic*, Boston, Little, Brown, 1971, p.254-5.

27. Bruce Western e Katherine Beckett, "How unregulated is the us labor market? The penal system as a labor market institution", *American Journal of Sociology*, 104, jan 1999, p.1135-72.

28. Loïc Wacquant, "De la 'terre promise' au guetto: la 'Grande Migration' noire américaine, 1916-1930", *Actes de la Recherche en Sciences Sociales*, 99, set 1993, p.43-51; Kerner Comission, *The Kerner Report. The 1968 Report of the National Advisory Commission on Civil Disorders*, Nova York, Pantheon, 1989 (1ªed. 1968); e Thomas Byrne Edsall e Mary D. Edsall, *Chain Reaction*, Nova York, W.W. Norton, 1991.

29. Nascido na prisão (sua mãe, Afeni Shakur, era membro do partido dos Black Panthers), o coinventor do *gangster rap*, herói dos jovens do gueto, morreu em 1996 em Las Vegas, crivado de balas por ocasião de uma emboscada de carro comandada pelos membros de uma gangue rival, depois de ele próprio ter sido acusado de atirar sobre policiais e ter cumprido oito meses de detenção como consequência de uma condenação por violência sexual.

30. J. Robert Lilly e Paul Knepper, "The corrections-commercial complex", *Crime and Delinquency*, 39-2, abr 1993, p.150-66; Eric Schlosser, "The prison-industrial complex", *The Atlantic Monthly*, 282, dez 1998, p.51-77.

31. Por exemplo, A.F. Gordon, "Globalism and the prison-industrial complex: an interview with Angela Davis", *Race and Class*, 40-2/3, 1999, p.145-57, e Elihu Rosenblatt (org.), *Criminal Injustice: Confronting the Prison Crisis*, Boston, South End Press, 1996, p.13-72.

32. André Kuhn, "Populations carcérales: Combien? Pourquoi? Que faire?", *Archives de Politique Criminelle*, 20, primavera 1998, p.47-99; ver também Pierre Tournier, "The custodial crisis in Europe, inflated prison populations and possible alternatives", *European Journal of Criminal Policy and Research*, 2-4, 1994, p.89-110, e as crônicas do mesmo autor no *Bulletin d'Information Pénologique* do Conselho da Europa.

33. Administração Penitenciária, *Rapport annuel d'activité 1996*, Paris, Ministère de la Justice, 1997, p.14.

34. Pierre Tournier, "La population des prisons est-elle condamnée à croître?", *Sociétés et Représentations*, 3, nov 1996, p.321-32.

35. Thierry Godefroy, *Mutation de l'emploi et recomposition pénale*, Paris, Cesdip, 1998, p.16-7; ver também Thierry Godefroy e Bernard Laffargue, *Changements économiques et répression pénale*, Paris, Cesdip, 1995.

36. O Ingresso Mínimo de Inserção (RMI), para considerar apenas esse programa emblemático da nova política da miséria que se instala na França no final da década de 1980, passa por um vigoroso desenvolvimento, já que em 10 anos o número de beneficiários se multiplicou por 2,8 e o montante dos créditos por 5.

37. Georg Rusche e Otto Kirscheimer, *Structure sociale et peine*, Paris, Le Cerf, 1994 (1939); T. Chiricos e M. Delone, "Labor surplus and punishment: a review and assessment of theory and evidence", *Social Problems*, 39-4, 1992, p.421-46.

38. S. Snacken, K. Beyens e H. Tubex, "Changing prison populations in Western countries: fate or policy?", *European Journal of Crime, Criminal Law and Criminal Justice*, 3-1, 1995, p.18-53, especialmente p.28-9.

39. Bruno Aubusson de Cavarlay, "Hommes, peines et infractions", *Année Sociologique*, 35, 1985, p.293. Abstração feita da designação jurídica da infração cometida, a prisão em regime fechado afeta "praticamente uma em cada duas vezes os sem profissão, uma em sete os operários, uma em 30 os empregadores; razão inversa para a multa" (p.291-2). A proporção dos prisioneiros sem emprego da França é estimada como se segue: 26% daqueles que foram capazes de determinar a situação face ao emprego declararam-se desocupados (18% tendo exercido uma atividade e 6% jamais tendo tido emprego); se considerarmos a hipótese prudente de que os 40% de "indeterminados" eram desempregados na mesma proporção de um quarto, isso dá pelo menos 10% a mais de prisioneiros sem emprego, aos quais se soma uma parte dos 5% de "outros, estudantes, militar, mulher do lar", daí uma estimativa baixa superior em 35%. Se a metade dos "indeterminados" era de desempregados, esse índice se aproximaria dos 50% (esses números são tirados do Arquivo Nacional dos Prisioneiros e foram amavelmente comunicados por Annie Kensey, demógrafa da Administração Penitenciária, a quem agradeço). Uma pesquisa qualitativa feita em Provence-Alpes-Côte d'Azur revelou que a metade dos prisioneiros dessa região estava sem emprego por ocasião de sua detenção (Jean-Paul Jean, "L'inflation carcérale", *Esprit*, 215, out 1995, p.117-31).

40. Rod Morgan, "Imprisonment: current concerns and a brief history since 1945", in *The Oxford Handbook of Criminology*, Oxford, Oxford University Press, 1997, p.1161.

41. Cf. Ellis Cashmore e Edward McLaughlin (orgs.), *Out of Order? Policing Black People*, Londres, Routledge, 1991; J.H. Smith, "Race, crime and criminal justice", in *The Oxford Handbook of Criminology*, Oxford, Oxford University Press, 1993, p.703-59; e os capítulos de David J. Smith (sobre a Inglaterra), Hans-Jörg Albrecht (sobre a Alemanha) e Josine Junger-Tas (sobre a Holanda), in Michael Tonry (org.), *Ethnicity, Crime, and Immigration: Comparative and Cross-National Perspectives*, Chicago, The University of Chicago Press, 1997, p.101-82, 31-99 e 257-310, respectivamente.

42. Fabienne Brion, Anabelle Rihoux e François de Coninck, "La surpopulation et l'inflation carcérales", *La Revue Nouvelle*, 109-4, abr 1999, p.48-66.

43. Pierre Tournier, "La délinquance des étrangers en France: analyse des statistiques pénales", in Salvatore Palidda (org.), *Délit d'immigration/Immigrant delinquency*, Bruxelas, Comission Européenne, 1996, p.158.

44. Segundo a distinção ideal-típica introduzida por Claude Faugeron, "La dérive pénal", *Esprit*, 215, out 1995, p.132-44.

45. Jean Pierre Perrin-Martin, *La rétention*, Paris, L'Harmattan, 1996, e para uma comparação entre a França, o Reino Unido e a Alemanha, assim como com os Estados Unidos, ver o número 23 da revista *Culture et Conflits*, consagrado ao tema: "Circuler, enfermer, éloigner. Zones d'attente e centres de rétention des démocraties occidentales" (1996).

46. Ver Laurence Vanpaeschen, *Barbelés de la honte*, Bruxelas, Luc Pire, 1998; Fabienne Brion, "Chiffrer, déchiffrer: incarcération des étrangers et construction sociale de la criminalité des immigrés en Belgique", in Salvatore Palidda (org.), *Délit d'immigration/Immigrant delinquency*, op.cit., p.163-223.

47. Salvatore Palidda, "La construction sociale de la déviance et de la criminalité parmis les immigrés: le cas italien", in Salvatore Palidda (org.), *Délit d'immigration/Immigrant delinquency*, op.cit., 231-66.

48. Didier Bigo, *L'Europe des polices et la sécurité intérieure*, Bruxelas, Complexe, 1992, e idem, "Sécurité et immigration: vers une gouvernementalité de l'inquiétude?", *Cultures et Conflits*, 31-32, outono 1998, p.13-38.

49. Nils Christie, "Suitable enemy", in Herman Bianchi e René van Swaaningen (orgs.), *Abolitionism: Toward a Non-Repressive Approach to Crime*, Amsterdã, Free University Press, 1986.

50. Sobre esse processo de criminalização dos imigrantes, ver os trabalhos comparativos reunidos por Alessandro Dal Lago (org.), *Lo straniero e il nemico*, Gênova, Costa e Nolan, 1998; o número especial da *Rassegna Italiana di Sociologia* sobre "Etnografia delle migrazioni"; e o número de *Actes de la Recherche en Sciences Sociales* sobre o tema "Delit d'immigration", 129, set 1999. Sobre o caso holandês, Godfried Engbersen, *In de schaduw van morgen. Stedelijke marginaliteit in Nederland*, Amsterdã, Boom, 1997. E sobre o caso alemão,

Michael Kubink, *Verständnis und Bedeutung von Ausländerkriminalität. Eine Analyse der Konstitution Sozialer Probleme*, Pfaffenweiler, Centarus, 1993. A noção de "sub-branco" foi retirada do sociólogo Andréa Réa (que por sua vez o toma emprestado do grupo de rap francês IAM), *Immigration et racisme en Europe*, Bruxelas, Complexe, 1998.

51. Nils Christie, *Crime Control as Industry: Towards Gulags, Western Style*, Londres, Routledge, 1994 (2ªed. aum.), p.69; igualmente, no caso britânico, Steven Box, *Recession, Crime, and Punishment*, Londres, Macmillan, 1987, sobretudo cap.4, "The State and 'problem populations'".

52. Nils Christie, *Crime Control as Industry*, op.cit., p.66-7; os números sobre os outros países europeus são extraídos de Pierre Tournier, *Statistique pénale annuelle du Conseil de L'Europe, Enquête 1997*, Conselho da Europa, Estrasburgo, 1999.

53. Pierre Tournier, *Inflation carcérale et surpeuplement des prisons*, Estrasburgo, Conselho da Europa, a sair, tabelas 1.1, 2.3 e 4; igualmente Vivien Stern, "Mass incarceration: 'a sin against the future?'", *European Journal of Criminal Policy and Research*, 3, 1996, p.9-12, sobre a superpopulação carcerária e suas consequências na Itália, Grécia e Holanda.

54. Maud Guillonneau, Annie Kensey e Philippe Mazuet, "Densité de population carcérale", *Cahiers de Démographie Pénitentiaire*, 4, set 1997, sobre a França.

55. Administration Pénitenciaire, *Rapport annuel d'activité 1996*, op.cit., p.113.

56. Rod Morgan, "Tortures et traitement inhumains ou dégradants en Europe: quelques données, quelques questions", in Claude Gaugeron, Antoinette Chauvenet e Philippe Combessie (orgs.), *Approches de la prison*, Bruxelas, DeBoeck Université, 1997, p.323-47; ler também o levantamento das visitas de campo do Comitê para a Prevenção da Tortura, por seu primeiro presidente, o jurista Antonio Cassese, *Inhuman states: imprisonment, detention, and torture in Europe today*, Cambridge, Polity Press, 1996 (primeira publicação em italiano, *Umano-Disumano*, 1994).

57. Diversidade destacada por Claude Faugeron (org.), *Les politiques pénales*, Paris, La Documentation Française, "Problèmes politiques et sociaux", 1992; ver também John Muncie e Richard Sparks (orgs.), *Imprisonment: European Perspectives*, Hempstead, Harvester Wheatsheaf, 1991. O aumento dos contingentes encarcerados exclui, por exemplo, o desenvolvimento do recurso à conciliação e à mediação penais, assim como esforços de despenalização (de direito ou de fato) e de maior individualização intensificada das sentenças. Assim como as políticas sociais, as políticas penais não são monolíticas, e sua evolução integra tendências divergentes, até mesmo contraditórias.

58. Na França, por exemplo, "embora o acento seja sempre posto, nos discursos oficiais, sobre a missão de reinserção da administração penitenciária, na prática é sempre a exclusão que predomina" (Anne-Marie Marchetti, "Pauvreté et trajectoire carcérale", in Faugeron et al., *Approches de la prison*, op.cit.,

p.197). Sobre o endurecimento das políticas penais na França, Bélgica, Inglaterra e Holanda, ver S. Snacken et al., "Changing prison populations in Western countries: fate or policy?", loc. cit., p.34-6.

59. René van Swaaningen e Gérard de Jonge, "The Dutch prison system and penal policy in the 1990s: from humanitarian paternalism to penal business management", in Vincenzo Ruggiero, Mick Ryan e Joe Sim (orgs.), *Western European Penal Systems: A Critical Anatomy*, Londres, Sage, 1995, p.24-5. Uma deriva similar é observada no caso da Suécia, outro modelo permanente de uma penalidade de rosto humano (cf. Karen Leander, "The normalization of the Swedish prison", in ibid., p.169-93).

60. David M. Downes, *Contrasts in Tolerance: Post-war Penal Policy in the Netherlands and England and Wales*, Oxford, Clarendon Press, 1988.

61. O processo de "penalização do social" é particularmente visível no caso belga, em virtude da fraca legitimidade do poder político central e da transferência das competências ligadas à proteção coletiva para o nível comunitário e regional, cuja conjunção favorece o entusiasmo punitivo: cf. Yves Cartuyvels e Luc Van Campenhoudt, "La douce violence des contrats de sécurité", *La Revue Nouvelle*, 105, mar 1995, p.49-56; Yves Cartuyvels, "Insécurité et prévention en Belgique: les ambiguïtés d'un modèle 'global-intégré' entre concertation partenariale et intégration verticale", *Déviance et Société*, 20-2, 1996; e Philippe Mary (org.), *Travail d'intérêt général et médiation pénale. Socialisation du pénal ou pénalisation du social?*, Bruxelas, Bruylant, 1997.

62. Segundo informações do *Le Monde* de 15 de julho de 1999 e verificadas junto ao Coletivo Informática, Arquivos e Cidadania.

63. Observamos de passagem que a administração dos dossiês dos estrangeiros em situação irregular foi discretamente informatizada em outubro de 1997, sem que se saiba exatamente quais são os dados conservados em suporte eletrônico, durante quanto tempo e para que utilizações precisamente.

64. Nesse sentido pode-se trazer à baila o precedente americano de longa data: nos Estados Unidos, o implemento da conexão dos arquivos das administrações encarregadas da ajuda social, da cobertura médica, dos impostos (sobre os rendimentos e sobre as habitações) e das aposentadorias é requerido desde 1984 pelo *Budget Deficit Reduction Act* como condição de entrega dos subsídios federais aos estados para a assistência dos indigentes (Gary T. Marx, *Undercover: Police Surveillance in America*, Califórnia, University of California Press, 1988, p.210).

65. "Interconnexion des fichiers: les nouveaux alchimistes", *Hommes et Libertés*, 102, 1999, p.16.

66. Ver, respectivamente, Onderzoekscommissie, *Het Recht op Bijstand* [O direito à assitência], Haia, VUGA, 1993; Paola Bernini e Godfried Engbersen, "Koppeling en uitsluiting: over de ongewenste en onbedoelde gevolgen van de koppelingswet" [Conexão e exclusão: as consequências indesejáveis e não intencionais da lei sobre o cruzamento dos arquivos], *Nederlands Juristenblad*, 74, 1998, p.65-71.

67. Radboub Engbersen, *Nederland aan de monitor*, Utrecht, Dutch Institute for Care and Welfare, 1997.

68. Michel Foucault, "*Omnes et singulatim*': vers une critique de la raison politique" (1981), reeditado em *Dits et écrits*, vol.IV, Paris, Gallimard, 1994, p.134-61.

69. Trata-se do relatório de Christine Lazergues e Jean-Pierre Balduyck, *Réponses à la délinquance des mineurs. Mission interministérielle sur la prévention et le traitement de délinquance des mineurs*, Paris, La Documentation Française, 1998.

70. O ministro da Saúde continua: "Mas lembro a vocês que fizemos da segurança, dessa *segurança cidadã*, um dos estandartes, em todo caso uma das linhas, da política — Lionel Jospin falou bastante sobre isso. Existe aí uma necessidade de fazer com que a segurança seja garantida, mas ela só estará verdadeiramente garantida — o primeiro-ministro tocou várias vezes nessa tecla, mas vamos repetir — se compreendermos o que está acontecendo. É preciso compreender. *Não são nossos inimigos*" (serviço de transcrição TF1, os grifos são meus). Seria preciso se debruçar sobre os usos do adjetivo eufemístico "cidadão" [*citoyen*], que visa, nos diversos domínios a que se aplica atualmente, dar um verniz democrático e progressista a medidas e políticas essencialmente desigualitárias em sua aplicação e em seus resultados, uma vez que não em suas intenções — aqui, a distribuição diferencial das forças da ordem "em benefício" das zonas urbanas que sofrem o impacto desproporcionado do recuo do Estado econômico e social. (Nesse sentido, uma das traduções do termo anglo-americano *workfare* poderia ser "trabalho assalariado cidadão", na medida em que sua justificativa reside em voltar a levar o receptor da ajuda social para a comunidade cívica dos trabalhadores, mesmo que precários.)

71. "Mme Guigou estima que é preciso combinar repressivo e educativo", *Le Monde*, 19 jan 1999. O educativo é o álibi natural de um partido que se diz de esquerda para justificar a ampliação dos meios e das prerrogativas do aparelho penal na gestão da miséria. Com efeito, a educação de que se trata aqui nada tem de "preventiva" (senão em caso de uma eventual reincidência), já que é efetuada *depois* da condenação, em meio penitenciário ou aberto, mas sob tutela judiciária. Uma verdadeira medida de prevenção competiria à Educação Nacional, *antes* da deriva delinquente. Mas isso exigiria investimentos muito mais altos para benefícios midiáticos bem menores.

72. Relatado pelo *Libération*, 4 fev 1999, p.2.

73. Julien Duval, Christophe Gaubert, Frédéric Lebaron, Dominique Marchetti, Fabienne Pavis, *Le "Décembre" des intellectuels français*, Paris, Liber-Raisons d'Agir, 1998.

74. Régis Debray, Max Gallo, Jacques Juillard, Blandine Kriegel, Olivier Mongin, Mona Ozouf, Anicet LePors e Paul Thibaud, "Républicains, n'ayons pas peur!", *Le Monde*, 4 set 1998, p.13. (as passagens entre aspas remetem a esse texto). Sobre o tropo da ameaça ("*jeopardy*"), ler o belo trabalho de Albert Hirschman *Deux siècles de réthorique réactionnaire*, Paris, Fayard, 1992.

75. O próprio Nixon inspirava-se nessa retórica da "lei e da ordem" dos políticos dos estados segregacionistas do Sul, que a haviam fabricado a fim de melhor reprimir o movimento de reivindicação dos direitos civis dos negros durante a década precedente.

76. "Será ceder às sereias do racismo constatar que os bairros líderes no que diz respeito aos problemas de violência são aqueles onde a imigração irregular é a mais expandida (pobreza e desemprego obrigatórios)?", perguntam com uma candura fingida Régis Debray et al., para se assegurarem de que o leitor terá compreendido quem são os principais causadores de desordens (republicanas). No caso, é forçoso responder pela afirmativa, visto que esta "constatação" é produto de pura projeção fantasiosa: além de não existir nenhuma estatística confiável sobre a imigração *irregular* — e, ainda menos, dados por localidade ou por setor geográfico —, visto que o fenômeno escapa por definição à medida oficial, a cartografia da pobreza urbana e a da imigração na França não se superpõem. Tampouco se superpõem a da violência e a da delinquência. Segundo os dados do INSEE [Instituto Nacional de Estatísticas e de Estudos Econômicos], os bairros mais degradados no plano do hábitat e os mais pobres não são nem os mais "coloridos" de imigrantes (irregulares ou não), nem os mais sujeitos à delinquência ou aos incidentes de violência coletiva — por menos que alguém se dê ao trabalho, nisso também, de construir indicadores confiáveis em lugar de remeter "àqueles" dos jornais e às impressões do telespectador (cf. Noëlle Lenoir, Claire Guignard-Hamon e Nicole Smadja, *Bilan/Perspectives des contrats de plan de Développement Social des Quartiers*, Paris, La Documentation Française, 1989, e OCDE, *An Exploratory Quantitative Analysis of Urban Distress in OECD Countries*, Paris, Organisation de Coopération et de Développement Economiques, 1997).

77. Os condenados por questão de drogas são a categoria mais numerosa entre os prisioneiros já julgados na França, com 20% do efetivo, e sua parcela na população penitenciária aumenta continuamente há 15 anos (Annie Kensey e Philippe Mazuet, "Analyse conjoncturelle de la population détenue", *Cahiers de Démographie Pénitentiaire*, 3, mai 1997, p.4).

78. Hilde Tubex e Sonja Snacken, "L'évolution des longues peines de prison: sélectivité et dualisation", in Claude Faugeron, Antoinette Chauvenet e Philippe Combessie (orgs.), *Approches de la prison*, Bruxelas, DeBoeck Université, 1997, p.221-44.

79. Vamos chamar a atenção de Debray et al. sobre algumas condenações colhidas recentemente que lançam dúvida sobre essa mitologia da impunidade total e permanente: na sequência de incidentes por ocasião da São Silvestre em Estrasburgo, no final de 1998, um jovem infrator sem antecedentes condenado a oito meses de prisão, dos quais quatro a cumprir, por uma simples *tentativa* de incendiar uma caminhonete em Schweighouse-sur-Moder, e um outro a 10 meses de prisão, dos quais cinco a cumprir, por ter quebrado o vidro de um ônibus e dado uma cabeçada num policial em Koenigshoffen. Depois dos incidentes que permearam a manifestação dos liceanos em 15 de outubro de

1998, na Place de la Nation, em Paris, um jovem de 27 anos, preso numa loja de telefonia que acabava de ser assaltada, de posse de um telefone portátil roubado em outra loja e de uma carteira de identidade também roubada de um veículo, vê-se condenado a 10 meses de prisão em regime fechado em função de "ser um delinquente que permanece delinquente", ao passo que uma jovem de 18 anos que havia recolhido maços de cigarro na calçada depois de um saque numa tabacaria recebe dois meses de prisão com sursis. Entretanto, estas não estão entre as infrações "mais assassinas".

80. Josette Junger-Tas et al., *Delinquent Behavior Among Young People in the Western World: First Results of the International Self-Report Delinquent Study*, Amsterdã e Nova York, Kugler, 1994, e Martin Killias, "La criminalisation de la vie quotidienne et la politisation du droit pénal", *Revue de Droit Suisse*, 114, 1995, 369-449.

81. Mick Ryan, "Prison privatization in Europe", *Overcrowded Times*, 7-2, abr 1996, p.16-8, e "Analysis: private prisons", *The Manchester Guardian*, 26 ago 1998. No Reino Unido, como nos Estados Unidos, o tratamento da delinquência juvenil é, desde sua origem no final do século XIX, amplamente concessão de operadores privados ou do terceiro setor.

82. Wolfgang Ludwig-Mayerhoffer, "The public and private sectors in Germany: rethinking developments in German penal control", *International Journal of the Sociology of Law*, 24, 1996, p.273-90.

83. Keith Dixon, *Les évangélistes du marché*, op.cit., e Nick Cohen, *Cruel Britannia*, Londres, Verso, 1999.

84. Prison Service, *Research Report n.5*, Londres, jul 1998, e Rod Morgan, "Imprisonment: current concerns and a brief history since 1945", loc.cit., p.1137-94.

85. Douglas McDonald, "Public imprisonment by private means: the re-emergence of private prisons and jails in the United States, the United Kindgom, and Australia", *British Journal of Criminology*, 34, 1994.

86. Brian Williams, "The US new right and corrections policy: the British example", *The Social Worker/Le Travailleur Social*, 64-3, outono de 1996, p.49-56.

87. O melhor especialista britânico sobre o "clima penal" nesse país caracteriza a deriva repressiva e penitenciária da década de 1990 como "um retorno à atitude severa que servia de base ao essencial da ideologia penal (e a legislação sobre a miséria) do século XIX" (Richard Sparks, "Penal 'austerity': the doctrine of less eligibility reborn?", in Rod Matthews e Paul Francis (orgs.), *Prison 2000*, Londres Macmillan, 1996, p.74-93, citação à p.74). O retrocesso para uma penalidade vitoriana acompanha o retrocesso social e se alimenta da sensação coletiva de preocupação e ressentimento causada pela deterioração das condições de vida da classe operária e pelo aprofundamento espetacular das desigualdades.

88. Domínio no qual a França se distingue, uma vez que no momento mesmo em que o delito de mendicância desaparecia do novo Código Penal,

em 1994, multiplicavam-se os decretos municipais reprimindo-a como uma ilegalidade entre outras (Julien Damon (org.), *Les SDF*, Paris, La Documentation Française, col. "Problèmes économiques et sociaux", 1996, p.20-1, e idem, "La grande pauvreté: la tentation d'une rue aseptisée", *Informations Sociales*, 60, 1997, p.94-101.

89. David Garland, "The limits of the sovereign State: strategies of crime control in contemporary society", *The British Journal of Criminology*, 36-4, outono 1997, p.445-71, e "Les contradictions de la société punitive: le cas britannique", *Actes de la Recherche en Sciences Sociales*, 124, set 1998, p.49-67. Como observa Claude Faugeron, na maioria das sociedades ocidental-europeias, "o penal tem cada vez mais um caráter polivalente e assume um aspecto de dispositivo de gestão dos riscos individuais e sociais" e, no seio da gama das respostas penais, "a prisão representa uma referência obrigatória" e prioritária, embora tenda a tornar-se "o modo habitual de tratamento das desordens sociais" ("La dérive pénale", loc.cit., p.133 e 144).

90. Segundo Robert Walker, ele se parece atualmente mais com o sistema categorial e estigmatizante do "*welfare*" vigente nos Estados Unidos do que com os dispositivos praticamente universais de proteção social dos países da Europa ocidental ("The americanization of British welfare: a case-study of policy transfer", *Focus*, 123, 1998).

91. W. Young e M. Brown, "Cross-national comparisons of imprisonment", in Michael Tonry (org.), *Crime and Justice: A Review of Research*, Chicago, The University of Chicago Press, 1995. Segundo uma pesquisa em curso de David Greenberg, as defasagens internacionais de índices de encarceramento explicam-se conjuntamente pelo grau de desigualdade econômica e pela capacidade das instituições políticas nacionais ("Punishment, division of labor, and social solidarity", comunicação ao Congresso Mundial da International Sociological Association, jul 1998).

92. Bruce Western, Katherine Beckett e David Harding, "Le marché du travail et le système pénal aux États-Unis", *Actes de la Recherche en Sciences Sociales*, 124, set 1998, p.27-35, e idem, "How unregulated is the US labor market?", loc.cit.

93. Anne-Marie Marchetti, *Pauvretés en prison*, Ramonville Saint-Ange, Cérès, 1997, especialmente p.129-65.

94. Anne-Marie Marchetti, "Pauvreté et trajectoire carcérale", in *Approches de la prison*, op.cit., p.197, e idem, *Pauvretés en prison*, op.cit., p.185-205.

95. Maud Guilloneau, Annie Kensey e Philippe Mazuet, "Les ressources des sortants de prisons", *Cahiers de Démographie Pénitentiaire*, 5, fev 1998.

96. Cf. Tony Bunyan (org.), *Statewatching the New Europe*, Londres, Statewatch, 1993; Jean-Claude Monet, *Polices et sociétés en Europe*, Paris, La Documentation Française, 1993; Michael Anderson (org.), *Policing the European Union*, Oxford, Clarendon Press, 1995; e James Sheptycki, "Transnationalism, crime control, and the European state system", *International Criminal Justice Review*, 7, 1997, p.130-40.

97. Didier Bigo, *Polices en réseaux. L'expérience européenne*, Paris, Presses de Science Po, 1996, p.12 e 327, e idem (org.), *L'Europe des polices et de la sécurité intérieure*, Bruxelas, Complexe, 1992; ver também Malcolm Anderson et al., *Policing the European Union: Theory, Law and Practice*, Oxford, Clarendon Press, 1995.

98. Cf. A. Kuhn, "Populations carcérales: Combien? Pourquoi? Que faire?", loc.cit., p.63-71, e Snacken et al., "Changing prison populations in Western countries: fate or policy?", loc. cit., p.36-7. A política alemã de desencarceramento é bem descrita por Johannes Feest, "Reducing the prison population: lessons from the West German experience", in John Muncie e Richard Sparks (orgs.), *Imprisonment: European Perspectives*, op.cit., p.131-45. Sobre as causas políticas e culturais do decrescimento penitenciário na Finlândia, ler o artigo de Nils Christie "Eléments de géographie pénale", *Actes de la Recherche en Sciences Sociales*, 124, set 1998, p.68-74.

99. Marcel Mauss, "Les civilisations: éléments et formes" (1929), in *Oeuvres*, vol.II: *Représentations collectives et diversité des civilisations*, Paris, Minuit, 1968, p.470. Cf. a demonstração de Pierre Tournier no caso francês: "La population des prisons est-elle condamnée à croître?", loc.cit.; e igualmente, numa perspectiva internacional, Nils Christie, "Eléments de géographie pénale", loc.cit.

100. David Garland prova isso em *Punishment and Welfare: A History of Penal Strategies* (Aldershot, Gower, 1985), para o caso paradigmático da Inglaterra vitoriana.

101. Philippe van Parijs, *Refonder la solidarité*, Paris, Cerf, 1996, e os trabalhos do BIEN (Basic Income European Network) demonstrando que a instauração de um "salário do cidadão" incondicional é totalmente realizável no plano fiscal, eficiente no plano econômico e desejável de um ponto de vista cívico e moral. O único verdadeiro obstáculo para sua implementação é a ausência de visão e de vontade política.

POSFÁCIO — Uma sociologia cívica da penalidade neoliberal

1. Prefiro a expressão sociologia *cívica* a sociologia *pública* (que recentemente entrou em moda entre sociólogos americanos), pois tal sociologia busca transpor a linha divisória entre conhecimento instrumental e reflexivo e falar ao mesmo tempo para audiências acadêmicas e gerais — ainda que em diferentes tons. A oposição dicotômica entre sociologia "pública" e "profissional" é uma peculiaridade do campo intelectual dos Estados Unidos, expressiva do isolamento político e da impotência social dos acadêmicos americanos, que não transita bem fora da esfera anglo-americana e que tampouco capta de maneira adequada a difícil posição dos sociólogos da universidade americana. Ver Dan Clawson et al. (orgs.), *Public Sociology: Fifteen Eminent Sociologists Debate Politics and the Profession in the Twenty-first Century* (Berkeley, University of California Press,

2007), e, para efeito de contraste, Gisèle Sapiro (org.), *L'Espace intellectuel en Europe* (Paris, La Découverte, 2009).

2. A começar pela lógica da polarização urbana a partir de baixo nos Estados Unidos e na Europa, investigada em Loïc Wacquant, *Urban Outcasts: A Comparative Sociology of Urban Marginality* (Cambridge, Polity Press, 2008). Traço as conexões analíticas entre minhas investidas na desigualdade urbana e na punição em "The Body, the Ghetto and the Penal State", *Qualitative Sociology* 32, n.1 (março 2009), p.101-29. [Ed. bras.: "O corpo, o gueto e o Estado penal: no campo com Loïc Wacquant", *Etnografica*, 12-3, Nov 2008, p.453-84.]

3. O impulso diferencial para a desregulação do mercado de trabalho nas nações pós-industrializadas é analisado por Thomas P. Boje (org.), *Post-Industrial Labour Markets: Profiles of North America and Scandinavia* (Londres, Routledege, 1993); Gösta Esping-Andersen e Marino Regini, *Why Deregulate Labour Markets?* (Oxford, Oxford University Press, 2004); e Max Koch, *Roads to Post-fordism: Labour Markets And Social Structures in Europe* (Aldershot, Ashgate, 2006). A difusão e adaptação do *workfare* de inspiração americana para outras sociedades avançadas é pesquisada por Heather Trickey e Ivar Loedemel (orgs.), *An Offer You Can't Refuse: Workfare in International Perspective* (Londres, Policy Press, 2001); Jamie Peck, *Workfare States* (Nova York, Guilford Press, 2001); e Joel Handler, *Social Citizenship and Workfare in the United States and Western Europe: The Paradox of Inclusion* (Cambridge, Cambridge University Press, 2004).

4. O encontro deu lugar à publicação de um livro muito lido e usado por ativistas no campo da justiça na França: Gilles Sainati e Laurent Bonelli (orgs.), *La Machine à punir. Pratique et discours sécuritaires* (Paris, L'Esprit Frappeur, 2001). Ampliações e atualizações do diagnóstico da punição da pobreza na França sob o controle de esquemas no estilo americano propostos em *Les Prisons de la misère* incluem Gilles Sainati e Ulrich Schalchli, *La Décadence sécuritaire* (Paris, La Fabrique, 2007); Laurent Bonelli, *La France a peur. Une histoire sociale de l'insécurité* (Paris, La Découverte, 2008); e Laurent Mucchielli (org.), *La Frenésie sécuritaire. Retour à l'ordre et nouveau contrôle social* (Paris, La Découverte, 2008).

5. Loïc Wacquant, "Towards a Dictatorship over the Poor? Notes on the Penalization of Poverty in Brasil", *Punishment & Society*, n.2 (abril 2003), p.197-205, e o prefácio a este livro. Para uma análise mais completa das modalidades características e das implicações do confinamento punitivo como política antipobreza em países da América Latina, ver idem, "The Militarization of Urban Marginality: Lessons from the Brazilian Metropolis", *International Political Sociology* 1, n.2 (inverno 2008), p.56-74 (publicado primeiro em português: "A militarização da marginalidade urbana: lições da metrópole brasileira", *Discursos sediciosos. Crime, direito e sociedade* (Rio de Janeiro), 15-16 (outono 2007), p.203-20.

6. Apenas um esclarecimento sobre a Argentina. O principal panfleto de campanha do candidato de centro-esquerda Anibal Ibarrra, "Buenos Aires, un compromiso de todos", fez do combate ao crime o compromisso número um

com os eleitores: *"El compromiso de Ibarra-Felgueras: Con la seguridad: vamos a terminar con el miedo y a combatir el delito con la ley en la mano."* Depois de eu aparecer na televisão nacional para discutir *Las Cárceles de la miseria*, os candidatos do partido peronista me perguntaram, por meio de meu editor, se eu concordaria em aparecer com eles numa entrevista coletiva para apoiar a condenação tática que faziam do compromisso de Ibarra com a *"mano dura"*.

7. Juan Gabriel Valdès, *Pinochet's Economists: The Chicago School in Chile* (Cambridge, Cambridge University Press, 1984).

8. Todos os números são do International Center for Prison Studies, *World Prison Brief* (Londres, King's College, 2007). Ver também Fernando Salla e Paula Rodriguez Ballesteros, *Democracy, Human Rights and Prison Conditions in South America* (São Paulo, Núcleo de Estudos da Violência, USP, novembro 2008).

9. Para um exemplo colombiano, ver Manuel Iturralde, "Emergency Penality and Authoritarian Liberalism: Recent Trends in Colombian Criminal Policy", *Theoretical Criminology* 12, n.3 (2008), p.377-97.

10. Uma hábil dissecção da velha interseção entre a política externa americana e normas e metas judiciais criminais é encontrada em Ethan A. Nadelmann, *Cops Across Borders: The Internationalization of U.S. Criminal Law Enforcement* (University Park, Pennsylvania State University Press, 1994).

11. Os aliados do Manhattan Institute na América do Sul incluem o Instituto Liberal, a Fundação Victor Civita e a Fundação Getúlio Vargas no Brasil; o Instituto Libertad y Desarrollo e a Fundación Paz Ciudadana no Chile; e a Fundación Libertad na Argentina. A fé cega na transportabilidade direta da "tolerância zero", apesar das vastas diferenças sociais, políticas e burocráticas entre os dois continentes, é expressa por William Bratton e William Andrew em "Driving out the crime wave: The police methods that worked in New York City can work in Latin America", *Time*, 23 de julho de 2001.

12. "The Americas Court a group that changed New York", *New York Times*, 11 de novembro de 2002.

13. Lucia Dammert e Mary Fran T. Malone, "Does it take a village? Policing strategies and fear of crime in Latin America", *Latin American Politics & Society* 48, n.4 (2006), p.27-51. Para um exemplo brasileiro, ler Juliana Resende, *Operação Rio: Relato de uma guerra brasileira* (São Paulo, Página Aberta, 1995), e ver o filme premiado de José Padilha, *Tropa de Elite* (2007).

14. Eric Hershberg e Fred Rosen, *Latin America After Neoliberalism: Turning the Tide in the 21st Century?* (Nova York, New Press, 2006), p.432.

15. Jordi Pius Lorpard, "Robocop in Mexico City", *NACLA: Report on the Americas* 37, n.2 (setembro-outubro 2003). Encontra-se um breve relato do "furacão de 36 horas por ruas sórdidas e apartamentos elegantes" na Cidade do México pelo "consultor mais bem-pago do mundo no tema combate ao crime" em Tim Weiner, "Mexico City Journal: Enter consultant Giuliani, his fee preceding him", *New York Times*, 16 de janeiro de 2003.

16. Henrik Tham, "Law and order as a leftist project? The case of Sweden", *Punishment & Society*, 3, n.3 (setembro 2001), p.409-26; Laurent Mucchielli, "Le 'nouveau management de la sécurité' à l'épreuve: délinquance et activité policière sous le ministère Sarkozy (2002-2007)", *Champ Penal* 5 (2005); Juanjo Medina-Ariza, "The politics of crime in Spain, 1978-2004", *Punishment & Society*, 8, n.2 (abril 2006), p.183-201; e Diane E. Davis, "El factor Giuliani: delincuencia, la 'cero tolerancia' en el trabajo policiaco y la transformación de la esfera pública en el centro de la Ciudad de México", *Estudios Sociológicos* 25 (2007), p.639-41.

17. Loïc Wacquant, "Ordering insecurity: Social polarization and the punitive upsurge", *Radical Philosophy Review* 11-1 (primavera 2008), p.9-27.

18. Um indicador: em uma década inteira de publicação, o *Journal of Scandinavian Studies in Criminology* não contém uma única referência a William Bratton e Rudolph Giuliani, e somente onze menções à "tolerância zero", sempre para comentar a inaplicabilidade do conceito ao contexto nórdico.

19. Jock Young, *The Exclusive Society: Social Exclusion, Crime and Difference in Late Modernity* (Londres, Sage, 1999) e *The Vertigo of Late Modernity* (Londres, Sage, 2007); David Garland, *The Culture of Control: Crime and Social Order in Contemporary Society* (Chicago, University of Chicago Press, 2001); John Pratt, *Punishment and Civilization: Penal Tolerance and Intolerance in Modern Society* (Londres, Sage, 2002); Hans Boutellier, *The Safety Utopia: Contemporary Discontent and Desire as to Crime and Punishment* (Dordrecht, Kluwer Academic Publishers, 2004); Pat O'Malley (org.), *Crime and the Risk Society* (Aldershot, Ashgate, 1998); e Jonathan Simon, *Governing Through Crime: How the War on Crime Transformed American Democracy and Created a Culture of Fear* (Nova York, Oxford University Press, 2007).

20. Loïc Wacquant, "Crafting the neoliberal state: Workfare, prisonfare and social insecurity", *Sociological Forum*, 25, n.2 (junho 2010), 197-220. [Ed. bras.: "Forjando o estado neoliberal: 'worfare', 'prisonfare', e insegurança social", *Discursos sediosos*, Rio de Janeiro (outono 2010)]; *ver também* Vera Batista (ed.), *Loïc Wacquant e a questão penal no capitalismo neoliberal*, Rio de Janeiro, Revan, 2011.

21. Jamie Peck e Nick Theodore, "Variegated capitalism", *Progress in Human Geography* 31, n.6 (2207), p.731-72.

22. No momento mesmo em que a difusão transatlântica de categorias penais americanas estava no auge, Tonry escreveu que "os Estados Unidos, em particular, não são nem importadores bem-sucedidos nem exportadores influentes" de medidas de combate ao crime, afirmando que "países da Europa ocidental imitam ativamente inovações à primeira vista bem-sucedidas de outras partes da Europa, mas parecem quase totalmente insensíveis à influência americana" (Michael Tonry, "Symbol, substance and severity in Western penal policies", *Punishment & Society* 3, n.4 (outubro 2001), p.517-36, na p.519. Um amplo panorama de estudos recentes de ciências sociais do "Estado carcerário" nos Estados Unidos mantém um típico silêncio acerca das ramificações estrangeiras

dos desenvolvimentos americanos: Marie Gottschalk, "Hiding in plain sight: American politics and the carceral state", *Annual Review Political Science* 11 (2008), p.235-60.

23. Desmond King e Mark Wickham-Jones, "From Clinton to Blair: The Democratic (Party) origins of welfare to work", *Political Quarterly* 70, n.1 (dezembro 1999), p.62-74; Jamie Peck e Nik Theodore, "Exporting workfare/importing welfare-to-work: Exploring the politics of third way policy transfer", *Political Geography* 20, n.4 (maio 2001), p.427-60; e Trevor Jones e Tim Newburn, "Learning from Uncle Sam? Exploring US influences on British crime control policy", *Governance: An International Journal of Policy* 15, n.1 (janeiro 2002), p.97-119.

24. Loïc Wacquant, "Racial stigma in the making of the punitive state", em Glenn C. Loury et al., *Race, Incarceration and American Values* (Cambridge, MIT Press, 2008), p.59-70. [Ed. bras.: "O estigma racial na construção do Estado punitivo americano", *Configurações* (Braga) 5/6, primavera 2009, p.41-54], e idem, *Deadly Symbiosis: Race and the Rise of the Penal State* (Cambridge, Polity Press, 2012).

25. Não é por acaso que os Estados Unidos exportaram ao mesmo tempo suas noções populares — e as políticas relacionadas — de crime através da "tolerância zero", de pobreza com a lenda da *"underclass"*, e de raça, definida por (hipo)descendência: ver Pierre Bourdieu e Loïc Wacquant, "The cunning of imperialist reason", *Theory, Culture and Society* 16, n.1 ([1998] fevereiro 1999), p.41-57 [Ed. bras.: "Sobre as artimanhas da razão imperialista", in Pierre Bourdieu, *Escritos de Educação*, Petrópolis, Editora Vozes, 1999, p.17-32].

26. Ver, em particular, Tim Newburn e Richard Sparks (orgs.), *Criminal Justice and Political Cultures: National and International Dimensions of Crime Control* (Londres, Willan, 2004); Trevor Jones e Tim Newburn, *Policy Transfer and Criminal Justice* (Open University Press, 2006); John Muncie e Barry Goldson (orgs.), *Comparative Youth and Justice* (Londres, Sage, 2006); e Peter Andreas e Ethan Nadelmann, *Policing the Globe: Criminatization and Crime Control in International Relations* (Nova York, Oxford University Press, 2006).

27. Uma respeitada revisão das pesquisas sociais sobre a difusão transnacional de políticas públicas nada diz sobre crime e punição e contém uma única menção a institutos de consultoria (Frank Dobbin, Beth Simmons e Geoffrey Garrett, "The global diffusion of public policies: Social construction, coercion, competition, or learning?", *Annual Review of Sociology* 33 [1997], p.449-72).

28. Essa mistura é evidenciada numa descrição provocativa das influências americanas e internacionais em tendências recentes à "repenalização" do crime juvenil e das reações que elas suscitam: John Muncie, "The 'punitive turn' in juvenile justice: Cultures of control and rights compliance in Western Europe and the USA", *Youth Justice* 8, n.2 (2008), p.107-21.

29. Loïc Wacquant, *Punishing the Poor: The Neoliberal Government of Social Insecurity* (Durham e Londres, Duke University Press, série "History, Politics and Culture", 2009). [Ed. bras.: *Onda punitiva. O novo governo da insegurança social*, Rio de Janeiro, Revan, 2007, p.476.]

Agradecimentos

Les Prisons de la misère, publicado em 1999, foi inicialmente destinado a um público leitor misto de acadêmicos e ativistas (o que explica seu estilo dinâmico e seu tom). O trabalho original beneficiou-se do magnânimo apoio material de uma bolsa da MacArthur Foundation, do incomparável estímulo intelectual de Pierre Bourdieu (por cuja insistência ele foi publicado na série Raisons d'Agir) e da generosidade de colegas da criminologia e da penologia em instituições de pesquisa de três continentes, que me guiaram e alentaram nas irreverentes pilhagens que fiz em seus terrenos.

1ª EDIÇÃO [2001]
2ª EDIÇÃO [2011] 4 reimpressões

ESTA OBRA FOI COMPOSTA POR TOPTEXTOS EDIÇÕES GRÁFICAS
EM ADOBE GARAMOND E STONE SANS E IMPRESSA EM
OFSETE PELA GRÁFICA PAYM SOBRE PAPEL ALTA ALVURA DA
SUZANO S.A. PARA A EDITORA SCHWARCZ EM JUNHO DE 2021

A marca FSC® é a garantia de que a madeira utilizada na fabricação do papel deste livro provém de florestas que foram gerenciadas de maneira ambientalmente correta, socialmente justa e economicamente viável, além de outras fontes de origem controlada.